KB153364

나도 격하게 중국어로 토킹 하고 싶다

김련란 엮음 · 윤원대 감수

도서출판 예가

MP3 파일(무료 제공) 듣는 방법 알아보기

스마트폰에서 콜롬북스 어플을 설치하고
간단한 회원가입 후 MP3 파일을 무료로 듣자

1. 앱스토어 또는 구글플레이어 스토어에서 콜롬북스 어플을 설치한다.
2. 회원가입 후 검색창에 도서 제목을 정확히 입력하거나 아래의 QR 코드를 스캔한다.
3. MP3 파일을 저장해서 듣는다.
4. 그외 더 다양한 서비스 이용가능

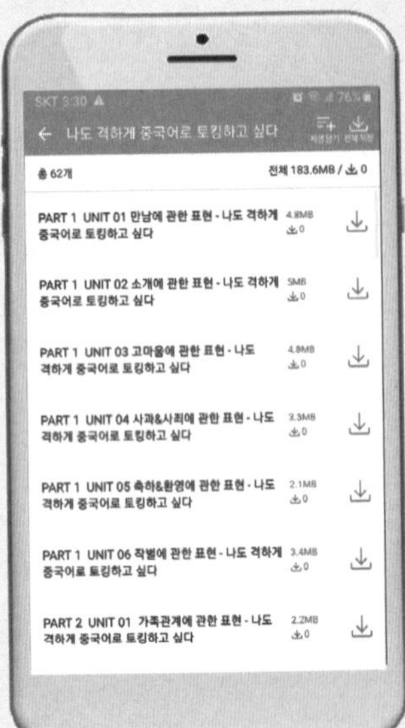

스마트폰에서 콜롬북스 어플을 설치한 후
QR 코드를 스캔하면 MP3 파일을 바로
들을 수 있습니다.

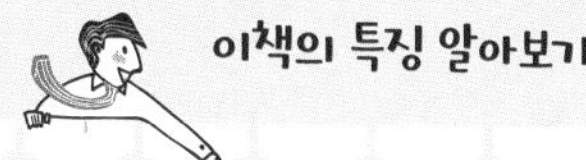

이책의 특징 알아보기

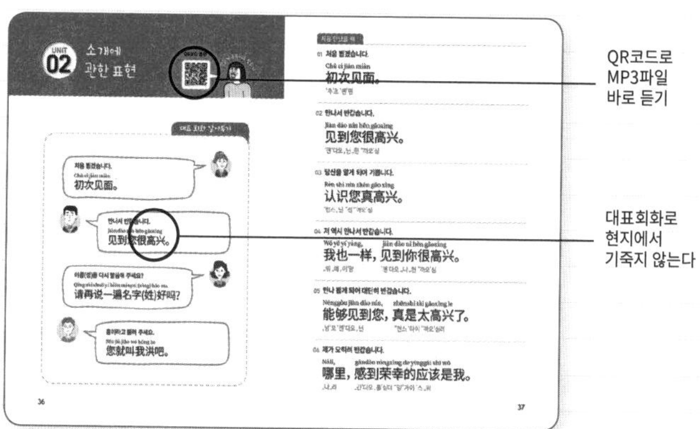

01 한국인을 위한 특별한 한글 발음법으로 대화한다.
지금까지 없던 특별한 한글 발음법으로 중국어를 현지인 발음에 가깝게 성조까지 표기하여 막힘없이 대화할 수 있다.

02 단지 많은 단어를 외우고 있다고 해서 다양한 표현을 할 수 있는 것은 아니며 모국어가 아닌 이상 갑자기 닥친 상황에 빠르게 대처할 수 있는 사람은 많지 않다. 이 책은 주어진 상황에 맞는 실제적인 언어 표현과 갑자기 맞닥뜨리게 될 여러 가지 경우를 제시함으로써 다양한 언어 구사 능력을 발휘할 수 있을 뿐만 아니라 자신감을 안겨줄 것이다.

03 쉽고 빠르게 찾을 수 있도록 사전형식으로 엮었다.
장황한 표현은 자칫 요점에서 벗어나는 오류를 범하거나 부정확한 발음으로 인해 오해를 불러일으킬 수도 있다. 이러한 문제점이 발생하지 않도록 간결하면서도 핵심에 맞는 표현들과 실생활에서 많이 쓰이는 어휘들로 구성하여 초보자도 자신 있게 내가 찾는 표현을 빠르게 찾아 대화할 수 있도록 우리말을 먼저 제시하는 사전형식으로 만들었다.

차 례

01 PART 기본표현

02 PART 일상표현

03 PART 화술표현

04 PART 감정표현

05 PART 화제표현

06 PART 의견표현

07 PART 교통표현

08 PART 쇼핑표현

09 PART 식사표현

10 PART 병원표현

11 PART 서비스표현

12 PART 여행표현

중국 성조 알아보기

중국 성조 알아보기

노래 같은 중국어 리듬

중국어에는 음의 고저와 장단에 따른 4개의 기본 성조(1성, 2성, 3성, 4성)가 있고 약하게 발음하는 경성이 있다.

1성	고음→고음, 장음	妈 "마	4성	고음→저음, 단음	骂 '마
2성	저음→고음, 단음	麻 ,마	경성	중음, 단음	吗 마
3성	저음→고음, 장음	马 „마			

❶ 1성(-)

소리 이해

1성은 중국어에서 기둥 같은 역할을 해준다. 언제 어디서든, 길든 짧든 똑같은 높이의 소리가 나야 한다. 1성을 잡아야 모든 성조가 자리를 잡을 수 있다.

발음 요령

한국인들에게만 주는 신기한 팁 : 산토끼 토끼야 어디를 가느냐 노래에서 첫 음 '산~'에 해당하는 음이 중간이든 앞이든 끝이든 나와줘야 한다.

성조 표기

1성은 고음에서 고음으로 길게 발음하므로 발음 왼쪽 위에 점 2개를 찍는다.

"이	"싼	"치	"빠	"텐	„즈, "즈	"산	"카"페이	"진"텐	"찬"팅
一	三	七	八	天	只	山	咖啡	今天	餐厅
일	삼	칠	팔	하늘	마리	산	커피	오늘	식당

❷ 2성(ˏ)

소리 이해

2성은 한국 사람들에게는 쉽지 않은 리듬이다. 중국 여자들 말이 여성스러워 보이고, 중국 식당이 한국 식당보다 더 시끄러운 이유는 바로 이 음 때문. 중국 문장에서 굉장히 중요한 소리다. 특히 이 소리를 내는 단어가 그 문장에서 핵심 내용일 경우 정확하고 길게 높여 줘야 한다. 이 소리가 나야 중국 말의 리듬을 배울 수 있다.

발음 요령

이 소리를 내는 요령은 '도, 레, 미, 파, 솔, 라, 시~' 시에서 한 옥타브 정도 위로 올린다. 처음에는 이상한 소리가 나겠지만 자꾸 연습하면 자연스럽게 올라간다. 예를 들어 '붉다'의 중국말은 '홍'이지만 2성이다. 그래서 소리를 올리기 편하게, '호~~~옹'이라고 읽어준다. 위로 쭈우우욱. 한국어에서 비슷한 리듬은, 몹시 화났을 때의 '뭐어?'와 같다고 할 수 있다.

성조 표기

2성은 저음에서 고음으로 짧게 발음하므로 발음 왼쪽 아래에 점 1개를 찍는다.

,스	,라이	,바이	,핑	,토	,쵸	,먼	,위엔
十	来	白	瓶	头	球	门	元
10	오다	희다	병	머리	공	문	원

❸ 3성(v)

3성은 성조 변화가 있는 음으로, 온 3성, 반 3성, 2성으로 변화된다.

온 3성

소리 이해

3성은 중국에서 참 고달픈 성조로 자기 소리가 있는데도 자기 소리대로 읽히는 경우가 거의 없다. 바로 '3성을 3성으로 읽지 못하는' 비운의 성조다. 그중 원래의 자기 소리는

'온 3성'이라 부르며, 이 경우는 혼자만 있을 때, 그리고 제일 끝에 왔을 때이다. 다른음들이 보통 높은 데 비해, 낮은음을 내므로, 쉬어가는 느낌으로 2성과 구분해서 읽어 줘야 한다.

발음 요령

온 3성은 '으~흠, 그래서?'에서 '흠'을 좀 올려서 읽는 코미디언처럼 '으~흠'에 해당되는 리듬으로 한 번 꺾어져야 한다. 절대로 첫 음이 세지면 안 되며 처음은 아주 낮게 시작해야 한다.

성조 표기

3성은 저음에서 고음으로 길게 발음하므로 발음 왼쪽 아래에 점 2개를 찍는다.

„우	„죠	„하오	„니	„워	„다
五	**九**	**好**	**你**	**我**	**打**
5	9	좋다	너	나	때리다

반 3성

발음 요령

온 3성보다 더 많이 쓰이는 3성은 바로 반 3성으로 뒷말의 성조에 따라 바뀐다. 1성, 2성, 4성 그리고 경성 앞에 있을 때 내는 가장 낮은 '도'를 짧게 발음하면 된다. 예를 들어 밑에 '하오츠'란 말이 있으면 '하오'를 낮은음으로 발음해서, '음츠'라고 내게 하는 것. 그 리듬을 아래 예에 대입하면 된다. 첫 음이 높아지면 절대 절대 안 되므로 주의하자.

„베이"징	„량"첸	„베이,먼	„커'러	„량거
北京	**两千**	**北门**	**可乐**	**两个**
베이징	2천	북문	콜라	2개

2성으로 바뀌는 3성

'3성+3성'은 '2성+3성'로 바뀐다.

„니„하오	„줘„과이	„커„이	„우„바이	„죠„바이
你好	**左拐**	**可以**	**五百**	**九百**
안녕	좌회전	OK	500	900

❹ 4성(丶)

소리 이해

중국어에서 의미상 가장 중요한 역할을 하는 성조이다. 약간의 악센트 역할을 해서, 중요한 단어에 4성이 있을 때 반드시 정확하게 읽어줘야 한다. 한국 사람들은 대부분 발음을 하다가 말아버리기 때문에 중국 사람들은 전혀 4성으로 이해를 못 하기 마련. 63층 빌딩 꼭대기에서 수박 떨어지는 소리 '퍼~억' 이게 바로 4성의 소리. 바닥까지 '쿠웅'하고 떨어지는 소리로 중간에 절대로 마음 약해지면 안 된다.

발음 요령

친구에게 멋진 여자를 소개해 달라고 해서 만나러 갔는데, 영 아닐 때 화가 나서 전화를 한다. "야!"라고 세게 읽어야 하는 게 포인트가 아니라 끝까지 읽어야 한다.

성조 표기

4성은 고음에서 저음으로 짧게 발음하므로 발음 왼쪽 위에 점 1개를 찍는다.

'알	'쓰	'료	'취	'쭤	'하오	'따	'루	'상	'샤
二	**四**	**六**	**去**	**坐**	**号**	**大**	**路**	**上**	**下**
2	4	6	가다	앉다	일	크다	길	위	아래

❺ 경성

소리 이해

경성은 이름만큼이나 슬픈 소리로 목이 길어서 슬픈 짐승이 아니고, 짧고 약해서 슬픈 성조이다. 자기의 소리가 없고 앞소리에 따라 높낮이가 정해진다. 앞의 성조를 끝까지 읽다가 힘이 빠지면 툭 하고 내뱉는 소리이다.

발음 요령

혼자 오는 경우는 없으니, 앞에 있는 성조를 최대한 길고 정확하게 발음해 보자. 그리고 나서 투욱 떨어뜨리면 된다. 이건 대표적인 단어를 외워서 그 리듬을 익히는 방법이 제일 좋다.

성조 표기

경성은 중음으로 짧게 발음하므로 점을 찍지 않는다.

"마마	"총밍	,라이러	,하이즈	„하오더	„워더	'빠바	'료거
妈妈	**聪明**	**来了**	**孩子**	**好的**	**我的**	**爸爸**	**六个**
엄마	똑똑하다	오다	아이	오케이	내꺼	아빠	6개

성조 섞어서 리듬 만들기(한글어 발음 묘사)

	1성(–)	2성(ˊ)	3성(v)	4성(ˋ)	경성
1성	"카"페이	"종,궈	"선„티	"까오'싱	"츠바
	"텐"텐	"깡,친	"카이„스	"콩'치	"이푸
	"추"파	"꽁,위엔	"빤„장	"숴'화	"쇼시
2성	,졔"훈	,한,궈	,요„용	,쉬에'샤오	,팬이
	,궈"쟈	,쉬에,시	,뇨„나이	,치'꽈이	,예예
	,피"푸	,인,항	,피„죠	,메이'설	,펑요
3성	„소"지	„다,저	„헌„하오	„하오'칸	„졔졔
	„메이"텐	„나이,요	„커„코	„커'러	„나이나이
	„카오"야	„메이,궈	„줘„과이	„쉬에'삐	„하오더
4성	'왕"징	'따,쉬에	'한„위	'덴'화	'메이메이
	'덴"티	'원,티	'상„하이	'한'즈	'콰이즈
	'상"빤	'상,쉬에	'덴„나오	'똥'우	'셰셰

기본단어 알아두기

얼굴과 신체

前额 qiáné
,첸,어 이마
耳朵 ěrduo
„알둬 귀
头发 tóufa
,토파 머리카락
眉毛 méimao
,메이마오 눈썹
头 tóu
,토 머리
眼睛 yǎnjīng
„옌"징 눈
鼻子 bízi
,비즈 코
嘴 zuǐ
„쭤이 입
手指 shǒuzhǐ
„소„즈 손가락
腮 sāi
"싸이 뺨
手 shǒu
„소 손
颈 jǐng
„징 목
手腕 shǒuwàn
„소'완 손목
胳膊 gēbo
"꺼보어 팔
胸 xiōng
"슝 가슴
胳膊肘 gēbozhǒu
"꺼보어„조 팔꿈치
肚子 dùzi
'두즈 배
背 bèi
'베이 등
膝盖 xīgài
"시'가이 무릎
腿 tuǐ
„퉤이 다리
脚 jiǎo
„쟈오 발
脚趾 jiǎozhǐ
„쟈오„즈 발가락

기수와 서수

● 一 yī ''이 하나	● 第一 dìyī '띠''이 첫 번째
● 二 èr '알 둘	● 第二 dìèr '띠'알 두 번째
● 三 sān ''싼 셋	● 第三 dìsān '띠''싼 세 번째
● 四 sì '쓰 넷	● 第四 dìsì '띠'쓰 네 번째
● 五 wǔ „우 다섯	● 第五 dìwǔ '띠„우 다섯 번째
● 六 liù '료 여섯	● 第六 dìliù '띠'료 여섯 번째
● 七 qī ''치 일곱	● 第七 dìqī '띠''치 일곱 번째
● 八 bā ''빠 여덟	● 第八 dìbā '띠''빠 여덟 번째
● 九 jiǔ „죠 아홉	● 第九 dìjiǔ '띠„죠 아홉 번째
● 十 shí ,스 열	● 第十 dìshí '띠,스 열 번째
● 十一 shíyī ,스''이 열하나	● 第十一 dìshíyī '띠,쓰''이 열한 번째
● 十二 shíèr ,스'알 열둘	● 第十二 dìshíèr '띠,스'알 열두 번째
● 十三 shísān ,스''싼 열셋	● 第十三 dìshísān '띠,스''싼 열세 번째
● 十四 shísì ,스'쓰 열넷	● 第十四 dìshísì '띠,스'쓰 열네 번째
● 十五 shíwǔ ,스„우 열다섯	● 第十五 dìshíwǔ '띠,스„우 열다섯 번째
● 十六 shíliù ,스'료 열여섯	● 第十六 dìshíliù '띠,쓰'료 열여섯 번째
● 十七 shíqī ,스''치 열일곱	● 第十七 dìshíqī '띠,스''치 열일곱 번째
● 十八 shíbā ,스''빠 열여덟	● 第十八 dìshíbā '띠,스''빠 열여덟 번째
● 十九 shíjiǔ ,스„죠 열아홉	● 第十九 dìshíjiǔ '띠,스„죠 열아홉 번째
● 二十 èrshí '알,스 스물	● 第二十 dìèrshí '띠'알,스 스무 번째

시간

- **最近** zuìjìn '쮀이'진 최근
- **最初** zuìchū '쮀이"추 최초
- **最后** zuìhòu '쮀이'호 마지막
- **很久以前** hěnjiǔyǐqián „헌„죠„이,첸 오래전
- **古时** gǔshí „구,스 옛날
- **在今天** zàijīntiān '짜이"진"톈 오늘날
- **过去** guòqù '궈'취 과거
- **现在** xiànzài '셴'자이 현재
- **未来** wèilái '웨이,라이 미래
- **有时** yǒushí „요,스 한때
- **中午** zhōngwǔ "종„우 정오
- **午夜** wǔyè „우'예 자정
- **晚** wǎn „완 늦다
- **永远** yǒngyuǎn „용„위엔 영원히
- **以前** yǐqián „이,첸 이전에
- **以后** yǐhòu „이'호 이후에
- **下次** xiàcì '샤'츠 다음에
- **有时候** yǒushíhòu „요,스'호 때때로
- **开始** kāishǐ "카이„스 시작
- **末了** mòliǎo '모„랴오 끝

월 & 계절

- **一月** yīyuè "이'위에 1월
- **二月** èryuè '알'위에 2월
- **三月** sānyuè "싼'위에 3월
- **四月** sìyuè '쓰'위에 4월
- **五月** wǔyuè „우'위에 5월
- **六月** liùyuè '료'위에 6월
- **七月** qīyuè "치'위에 7월
- **八月** bāyuè "빠'위에 8월
- **九月** jiǔyuè „죠'위에 9월
- **十月** shíyuè ,스'위에 10월
- **十一月** shíyīyuè ,스"이'위에 11월
- **十二月** shíèryuè ,스'알'위에 12월
- **月初** yuèchū '위에"추 월초
- **月末** yuèmò '위에'모 월말
- **春天** chūntiān "춘"텐 봄
- **夏天** xiàtiān '샤"텐 여름
- **秋天** qiūtiān "쵸"텐 가을
- **冬天** dōngtiān "똥"텐 겨울
- **阴历** yīnlì "인'리 음력
- **阳历** yánglì ,양'리 양력

하루&낮&요일

- 星期一 xīngqīyī "싱"치"이 월요일
- 星期二 xīngqīèr "싱"치'알 화요일
- 星期三 xīngqīsān "싱"치"싼 수요일
- 星期四 xīngqīsì "싱"치'쓰 목요일
- 星期五 xīngqīwǔ "싱"치„우 금요일
- 星期六 xīngqīliù "싱"치'료 토요일
- 星期天 xīngqītiān "싱"치"톈 일요일
- 早晨 zǎochén „자오,천 아침
- 下午 xiàwǔ '샤„우 오후
- 晚上 wǎnshang „완상 저녁
- 夜里 yèlǐ '예„리 밤
- 昨天 zuótiān ,줘"톈 어제
- 今天 jīntiān "진"톈 오늘
- 明天 míngtiān ,밍"톈 내일
- 大前天 dàqiántiān '따,첸"톈 그저께
- 后天 hòutiān '호"톈 모레
- 黎明 límíng ,리,밍 새벽
- 上旬 shàngxún '상,쉰 초순
- 中旬 zhōngxún "종,쉰 중순
- 下旬 xiàxún '샤,쉰 하순

가족

- 爷爷 yéye ,예예 할아버지
- 奶奶 nǎinai „나이나이 할머니
- 妈妈 māma "마마 엄마
- 爸爸 bàba '빠바 아빠
- 父母 fùmǔ '푸„무 부모
- 妻子 qīzǐ "치즈 아내
- 丈夫 zhàngfu '장푸 남편
- 儿子 érzi ,알즈 아들
- 女儿 nǚér „뉘,알 딸
- 兄弟 xiōngdì "숑'디 형제
- 姐妹 jiěmèi „제'메이 자매
- 亲戚 qīnqi "친치 사촌
- 侄子 zhízi ,즈즈 조카
- 儿媳妇 érxífu ,알,시푸 며느리
- 女婿 nǚxù „뉘'쉬 사위
- 公公 gōnggong "꽁공 시아버지
- 婆婆 pópo ,포포 시어머니
- 丈人 zhàngrén '장,런 장인
- 丈母娘 zhàngmǔniáng '장„무,냥 장모
- 亲戚 qīnqi "친치 친척

위치

- **东** dōng "똥 동(쪽)
- **西** xī "시 서(쪽)
- **南** nán ,난 남(쪽)
- **北** běi „베이 북(쪽)
- **上边** shàngbiān '상벤 위쪽에
- **下边** xiàbian '샤벤 아래쪽에
- **对面** duìmiàn '뛔이'몐 맞은편
- **前边** qiánbian ,첸벤 앞
- **后边** hòubian '호벤 뒤
- **旁边** pángbiān ,팡"벤 옆
- **里边** lǐbian „리벤 안쪽
- **外边** wàibian '와이벤 바깥쪽
- **表面** biǎomiàn „바오'몐 겉
- **中间** zhōngjiān "종"젠 가운데, 사이
- **方向** fāngxiàng "팡'샹 방향
- **空间** kōngjiān "콩"젠 공간
- **附近** fùjìn '푸'진 근처
- **远处** yuǎnchù „위엔'추 멀리
- **外部** wàibù '와이'부 외부
- **内部** nèibù '네이'부 내부

동작

- **起床** qǐchuáng „치,촹 일어나다
- **淋浴** línyù ,린'위 샤워하다
- **刷牙** shuāyá "솨,야 칫솔질하다
- **刮胡子** guāhúzi "과,후즈 면도하다
- **洗脸** xǐliǎn „시„롄 세수하다
- **吃早饭** chīzǎofàn "츠„자오'판 아침을 먹다
- **洗碗** xǐwǎn „시„완 설거지를 하다
- **去上班** qùshàngbān '취'상"반 출근하다
- **去上学** qùshàngxué '취'상,쉬에 학교에 가다
- **打扫房间** dǎsǎofángjiān „따„싸오,팡젠 방을 청소하다
- **听音乐** tīngyīnyuè "팅"인'위에 음악을 듣다
- **见朋友** jiànpéngyou '젠,펑요 친구를 만나다
- **看电视** kàndiànshì '칸'덴'스 텔레비전을 보다
- **去看电影** qùkàndiànyǐng '취'칸'덴„잉 영화 보러 가다
- **洗衣服** xǐyīfú „시"이,푸 세탁하다
- **做晚饭** zuòwǎnfàn '쭤„완'판 저녁을 하다
- **摆饭桌** bǎifànzhuō „바이'판"줘 상을 차리다
- **收拾饭桌** shōushifànzhuō "소스'판"줘 상을 치우다
- **铺床** pūchuáng "푸,촹 잠자리를 펴다
- **上床睡觉** shàngchuángshuìjiào '상,촹'쉐이'쟈오 잠자리에 들다

PART 1

기본표현

대표 회화 알아두기

어떻게 지내세요?

Nín zuìjìn hǎo ma

您最近好吗?

덕분에 잘 지냅니다. 당신은요?

Tuōfú hái hǎo, nín ne

托福还好, 您呢?

안녕, 왕홍, 오랜만이야.

Nǐ hǎo wáng hóng, hǎo jiǔ bu jiàn le

你好? 王红, 好久不见了。

그냥 인사하려고 들렀어요.

Wǒ zhǐshì lái xiàng nǐ wèn ge hǎo

我只是来向你问个好。

평소에 인사할 때

01 안녕!

Nǐ hǎo

你好?

„니 „하오

02 안녕하세요!

Nín hǎo

您好?

‚닌 „하오

03 안녕하세요! (아침 인사)

Zǎo shang hǎo

早上好?

„짜오상 „하오

04 안녕하세요! (저녁 인사)

Wǎn shang hǎo

晚上好?

„완상 „하오

05 안녕히 주무세요!

Wǎn ān

晚安!

„완"안

06 잘 있었니?(친한 사람끼리)

Zuìjìn hǎo ma

最近好吗?

'쮀이'진 „하오마

근황을 물어볼 때

01 어떻게 지내세요?

Nín zuìjìn hǎo ma / Nín guò de zěn me yàng
您最近好吗? / 您过得怎么样?
,닌 '쮀이'진 „하오마 / ,닌 '궈더 „쩐머'양

02 덕분에 잘 지냅니다. 당신은요?

Tuōfú hái hǎo, nín ne
托福还好, 您呢?
"퉈,푸 ,하이 „하오 ,닌너

03 좋아, 너는?

Wǒ hái xíng, nǐ ne
我还行, 你呢?
„워 ,하이 ,싱 „니너

04 그냥 그래.

Jiù nà yàng
就那样。
'쬬 '나'양

05 새로 하시는 일은 어때요?

Nín xīn gōngzuò zěnme yàng
您新工作怎么样?
,닌 "신"꽁'쭤 „쩐머'양

06 그런대로 할만 해요.

Mǎ ma hū hū, hái xíng
马马虎虎, 还行。
"마마 "후"후 ,하이 ,싱

오랜만에 만났을 때

01 안녕, 왕홍, 오랜만이야.

Nǐ hǎo wáng hóng, hǎo jiǔ bu jiàn le

你好? 王红, 好久不见了。

„니 „하오 ,왕,홍 „하오„죠 부'졘러

02 오랜만입니다.

Hǎo jiǔ le

好久了。

„하오 „죠러

03 몇 달 만에 만나 뵙는군요.

Jǐ gè yuè cái jiàn dào nǐ

几个月才见到你。

„지'거 '위에 ,차이 '졘'다오 „니

04 요즘 당신 보기 힘들군요.

Zhè jǐ tiān zhēn shi nánde jiàn nǐ yí miàn a

这几天真是难得见你一面啊。

'저 „지"텐 "전스 ,난더 '졘„니 ,이'몐아

05 보고 싶었어요.

Wǒ hǎo xiǎng nǐ a

我好想你啊。

„워 „하오 „샹 „니아

06 잘 왔다. 기다리고 있었는데.

Lái de hǎo, zhèng děng zhe nǐ ne

来得好, 正等着你呢。

,라이더 „하오 '정 „덩저 „니너

07 오랫동안 소식 전하지 못해 죄송합니다.

Hǎo jiǔ méi liánxì, zhēn bàoqiàn
好久没联系，真抱歉。
„하오„죠 ,메이 ,롄'시 "전 '빠오'쳰

08 여전하군요.

Nín yì diǎn yě méi biàn a
您一点也没变啊。
,닌 '이„뎬 „예 ,메이 '볜아

09 별고 없으십니까?

Méi shénme shì ba
没什么事吧?
,메이 ,선머 '스바

10 마음 편하게 잘 있었습니다.

Xīnqíng shūchàng, guò de tǐng hǎo de
心情舒畅，过得挺好的。
"신,칭 "수'창 '궈더 „팅 „하오더

11 다시 만나서 반갑습니다.

Zài cì jiàn dào nín, zhēn gāoxìng
再次见到您，真高兴。
'짜이'츠 '젠'다오,닌 "전 "까오'싱

12 그냥 인사하려고 들렀어요.

Wǒ zhǐshì lái xiàng nǐ wèn ge hǎo
我只是来向你问个好。
„워 „즈'스 ,라이 '샹 „니 '원거 „하오

안부를 물을 때

01 가족들은 안녕하신지요?

Jiālǐ rén dōu hǎo ma

家里人都好吗?

"쟈„리 ,런 "도 „하오마

02 부모님께서는 평안하신지요?

Nín fù mǔqīn doū ānkāng ma

您父母亲都安康吗?

,닌 '푸„무"친 "도 "안"캉마

03 당신의 어머니는 어떻습니까?

Nín mǔqīn guì tǐ kāngjiàn ba

您母亲贵体康健吧?

,닌 „무"친 '꿰이„티 "캉'젠바

04 모두들 잘 지내시는지요?

Dàjiā dōu hǎo ma

大家都好吗?

'따"쟈 "도 „하오마

05 모두 잘 있어요.

Dōu tǐng hǎo de

都挺好的。

"도 „팅 „하오더

06 김씨가 안부 전하더군요.

Lǎo jīn ràng wǒ xiàng nǐ wèn hǎo

老金让我向你问好。

„라오"진 '랑„워 '샹„니 '원„하오

07 김선생은 그 회사에서 어떻게 지내시죠?

Jīn xiānsheng zài nà gōngsī hái hǎo ma

金先生在那公司还好吗?

"진"셴성 '짜이 '나 "꽁"쓰 ,하이 „하오마

08 그 사람은 건강하게 잘 지냅니다.

Tā shēntǐ bú cuò, guò de tǐng hǎo

他身体不错, 过得挺好。

"타 "선„티 ,부'춰 '궈더 „팅 „하오

09 장평에 대한 소식 들었습니까?

Nǐ tīng dào zhāng píng de xiāo xi le ma

你听到张平的消息了吗?

„니 "팅'다오 "장,핑더 "샤오시러마

10 10년 전부터 그와 소식이 끊겼어요.

Shí nián qián jiù méi tā de xiāoxi le

十年前就没他的消息了。

,스,녠,첸 '죠 ,메이 "타더 "샤오시러

11 무엇 때문에 그렇게 바빴어요?

Nǐ gàn ma nàme máng a

你干嘛那么忙啊?

„니 '깐마 '나머 ,망아

12 저는 잘 있다고 전해 주세요.

Qǐng zhuǎn gào shuō wǒ hěn hǎo

请转告说我很好。

„칭 „좐'까오"숴 „워 „헌 „하오

우연히 만났을 때

01 아니 이게 누구예요!

Yō, zhè shì shuí ya

哟，这是谁呀!

"요 '저 '스 ,세이야

02 이게 누구야(정말 뜻밖이군요)!

Āiyō, zhè shì shuí ya

哎哟，这是谁呀!

"아이"요 '저 '스 ,세이야

03 세상 정말 좁군요.

Zhè shìjiè zhēnshi tài xiǎo le

这世界真是太小了。

'저 '스'졔 "전스 '타이 „샤오러

04 여기에 어쩐 일로 오셨어요?

Nǐ zěnme lái zhèr le

你怎么来这儿了?

„니 „쩐머 ,라이 '절러

05 어머! 이런 데서 너를 만나다니!

Tiān a, zěnme huì zài zhèr pèng dào nǐ

天啊，怎么会在这儿碰到你?

"톈아 „쩐머 '훼이 '짜이 '절 '펑'다오 „니

06 그렇지 않아도 너를 만나고 싶었었는데.

Wǒ zhènghǎo xiǎngjiàn nǐ

我正好想见你。

„워 '정„하오 „샹'젠 „니

UNIT 02 소개에 관한 표현

QR코드 음원

대표 회화 알아두기

처음 뵙겠습니다.

Chū cì jiàn miàn

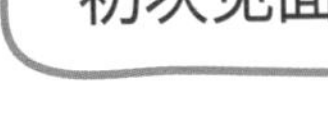

初次见面。

만나서 반갑습니다.

Jiàn dào nín hěn gāoxìng

见到您很高兴。

이름(성)을 다시 말씀해 주세요?

Qǐng zài shuō yí biān míngzi (xìng) hǎo ma

请再说一遍名字(姓)好吗?

홍이라고 불러 주세요.

Nín jiù jiào wǒ hóng ba

您就叫我洪吧。

01 처음 뵙겠습니다.

Chū cì jiàn miàn
初次见面。
''추'츠 '졘'몐

02 만나서 반갑습니다.

Jiàn dào nín hěn gāoxìng
见到您很高兴。
'졘'다오 ,닌 „헌 ''까오'싱

03 당신을 알게 되어 기쁩니다.

Rèn shi nín zhēn gāo xìng
认识您真高兴。
'런스 ,닌 ''전 ''까오'싱

04 저 역시 만나서 반갑습니다.

Wǒ yě yí yàng, jiàn dào nǐ hěn gāoxìng
我也一样，见到你很高兴。
„워 „예 ,이'양 '졘'다오 „니 „헌 ''까오'싱

05 만나 뵙게 되어 대단히 반갑습니다.

Nénggòu jiàn dào nín, zhēnshi tài gāoxìng le
能够见到您，真是太高兴了。
,넝'꺼 '졘'다오 ,닌 ''전스 '타이 ''까오'싱러

06 제가 오히려 반갑습니다.

Nǎlǐ, gǎndào róngxìng de yīnggāi shì wǒ
哪里，感到荣幸的应该是我。
„나„리 „간'다오 ,롱'싱더 ''잉''가이 '스 „워

01 이름이 뭡니까?

Nǐ jiào shénme míngzi

你叫什么名字?

„니 '쟈오 ,선머 ,밍즈

02 성함을 알 수 있을까요?

Kěyǐ wèn nín xìng ma

可以问您姓吗?

„커„이 '원 ,닌'싱마

03 이름을 좀 알려 주시겠습니까?

Néng gào su nín de míngzi ma

能告诉您的名字吗?

,넝 '까오쑤 ,닌더 ,밍즈마

04 이름(성)을 다시 말씀해 주세요?

Qǐng zài shuō yí biān míngzi (xìng) hǎo ma

请再说一遍名字(姓)好吗?

„칭 '짜이 "쉬 ,이"볜 ,밍즈 ('싱) „하오마

05 홍이라고 불러 주세요.

Nín jiù jiào wǒ hóng ba

您就叫我洪吧。

,닌 '죠 '쟈오 „워 ,홍바

06 이름이 참 이쁘네요.

míngzi zhēn hǎo tīng

名字真好听。

,밍즈 "전 „하오"팅

01 **제 소개를 할까요?**

Wǒ néng zìwǒ jièshào yí xià ma
我能自我介绍一下吗?
„워 ,넝 '쯔„워 '졔'사오 ,이'샤마

02 **제 소개를 드리겠습니다.**

Xiàmian qǐng yǔnxǔ wǒ zìwǒ jièshào yí xià
下面请允许我自我介绍一下。
'샤몐 „칭 „윈„쉬 „워 '쯔„워 '졔'사오 ,이'샤

03 **저희 집은 대(소)가족입니다.**

Wǒ jiā shì ge dà (xiǎo) jiāzú
我家是个大(小)家族。
„워 "쟈 '스거 '따 („샤오) "쟈,쭈

04 **저는 부모님과 함께 살고 있습니다.**

Wǒ gēn fùmǔ yì qǐ guò
我跟父母一起过。
„워 "껀 '푸„무 '이„치 '궈

05 **형이 둘 있는데 누나는 없어요.**

Yǒu liǎng ge gē ge, méiyǒu jiě jie
有两个哥哥, 没有姐姐。
„요 „량거 "꺼거 ,메이„요 „졔졔

06 **전 독자입니다.**

Wǒ jiā zhǐ yǒu wǒ yí ge ér zi
我家只有我一个儿子。
„워 "쟈 „즈„요 „워 ,이거 ,알즈

07 전 장남입니다.

Wǒ shì zhǎngzǐ

我是长子。

„워 '스 „장„쯔

08 전 맏딸입니다.

Wǒ shì zhǎng nǚ

我是长女。

„워 '스 „장„뉘

09 전 독신입니다.

Wǒ háishi dānshēn

我还是单身。

„워 ,하이스 "딴"선

10 저는 부산에서 태어났습니다.

Wǒ chū shēng yú fǔ shān

我出生于釜山。

„워 "추"성 ,위 „푸"산

11 저는 아직 미혼입니다.

Wǒ hái méi jié hūn

我还没结婚。

„워 ,하이 ,메이 ,제"훈

12 저는 이미 결혼했습니다.

Wǒ yǐ jīng jié hūn le

我已经结婚了。

„워 „이"징 ,제"훈러

01 밀러씨, 미스터 김하고 인사 나누세요.

Mǐ lè, nǐ gēn jīn xiānsheng rènshi yí xià

米勒，你跟金先生认识一下。

„미'러 „니 "껀 "진 "셴성 '런스 ,이'샤

02 밀러 씨, 제 친구 김 선생을 소개하겠습니다.

Mǐ lè, wǒ xiàng nǐ jièshào yí xià wǒ péngyou jīn xiānsheng

米勒，我向你介绍一下我朋友金先生。

„미'러 „워 '샹„니 '졔'사오 ,이'샤 „워 ,펑요 "진"셴성

03 두 분이 서로 인사 나누셨습니까?

Nǐmen liǎ dǎ guo zhāohu le

你们俩打过招呼了?

„니먼 „랴 „따궈 "자오후러

04 이쪽은 제 동료인 왕문걸입니다.

Zhè shì wǒ tóngshì wángwénjié

这是我同事王文杰。

'저 '스 „워 ,통'스 ,왕,원,졔

05 저는 왕문걸이고 이쪽은 제 아내 조려홍입니다.

Wǒ jiào wángwénjié, zhè shì wǒ qīzi zhàolì hóng

我叫王文杰，这是我妻子赵丽虹。

„워 '쟈오 ,왕,원,졔 '저'스 „워 "치즈 '자오'리,홍

06 저 사람이 바로 당신이 말하던 그 사람입니까?

Tā jiùshì nín cháng tíqǐ guo de nà ge rén ma

他就是您常提起过的那个人吗?

"타 '죠'스 ,닌 ,창 ,티„치 궈더 '나거 ,런마

07 이건 제 명함입니다.

Zhè shì wǒ de míngpiàn

这是我的名片。

'저 '스 „워더 ,밍'폔

08 명함 한 장 주시겠어요?

Néng gěi wǒ yì zhāng míngpiàn ma

能给我一张名片吗?

,넝 „게이„워 '이"장 ,밍'폔마

09 전에 한번 뵌 적이 있는 것 같습니다.

Wǒmen hǎoxiàng jiàn guo miàn

我们好像见过面。

„워먼 „하오'샹 '졘궈'몐

10 선생님 말씀 많이 들었습니다.

Wǒ cháng tīng rén tíqǐ nín

我常听人提起您。

„워 ,창 "팅 ,런 ,티„치 ,닌

11 친숙해 뵈는데요.

Nín hěn miànshú

您很面熟。

,닌 „헌 '몐,수

12 미스터 존슨이 당신에 대해 자주 말씀하셨습니다.

Wǒ cháng tīng yuēhànxùn tíqǐ nín

我常听约翰逊提起您。

„워 ,창"팅 "위에'한'쉰 ,티„치 ,닌

사람을 부를 때

01 손 씨. (남자를 지칭할 때)

Sūn xiānsheng
孙先生。
"쑨 "셴성

02 손 씨 부인. (결혼한 타인의 부인을 지칭할 때)

Sūn tài tai
孙太太。
"쑨 '타이타이

03 리리 양. (미혼인 여성을 지칭할 때)

Lìlì xiǎojie
莉莉小姐。
'리'리 „샤오졔

04 저, 여보세요. (모르는 남자를 부를 때)

Bù hǎoyìsi / Duì bu qǐ / Qǐngwèn
不好意思。/ 对不起。/ 请问。
'부„하오'이쓰 / '뛔이부„치 / „칭'원

05 아빠! / 아버지!

Bàba
爸爸!
'빠바

06 엄마 / 어머니!

Māma
妈妈!
"마마

고마움에 관한 표현

QR코드 음원

대표 회화 알아두기

도와주셔서 감사드립니다.

Xiè xie nín de bāngzhù

谢谢您的帮助。

원 별말씀을요.

Nǎr de huà

哪儿的话。

당신에게 드리려고 뭘 사왔어요.

Wǒ mǎile diǎn dōng xi, xiǎng sòng nǐ

我买了点东西，想送你。

당신은 정말 사려가 깊으시군요.

Nín zhēnshi kǎolǜ zhōudào a

您真是考虑周到啊。

01 감사합니다.

Xiè xie
谢谢。
'셰셰

02 친절히 도와주셔서 감사합니다.

Xiè xie nín de rèqíng bāngzhù
谢谢您的热情帮助。
'셰셰 ,닌더 '러 ,칭 ''빵'주

03 그렇게 해 주시면 감사하겠습니다.

Nín kěn zhème zuò, zhēnshi tài gǎnxiè le
您肯这么做，真是太感谢了。
,닌 „컨 '저머 '쭤 ''전스 '타이 „간'셰러

04 가르쳐 줘서(조언을 해 줘서) 감사합니다.

Fēicháng gǎnxiè nín de zhǐjiào
非常感谢您的指教。
''페이,창 „간'셰 ,닌더 „즈'쟈오

05 여러 가지로 감사드립니다.

Fēicháng gǎnxiè nín de duōfāng guānzhào
非常感谢您的多方关照。
''페이,창 „간'셰 ,닌더 ''뚸''팡 ''꽌'자오

06 그렇게 말씀해 주시니 고맙습니다.

Nín zhème shuō, tài gǎnxiè le
您这么说，太感谢了。
,닌 '저머''숴 '타이 „간'셰러

07 도와주셔서 감사드립니다.

Xiè xie nín de bāngzhù

谢谢您的帮助。

'셰셰 ,닌더 "빵'주

08 태워다 주셔서 감사합니다.

Xiè xie nín kāichē sòng wǒ

谢谢您开车送我。

'셰셰 ,닌 "카이"처 '쏭„워

09 어떻게 감사를 드려야 할지 모르겠군요.

Zhēn bù zhīdào gāi zěnyàng gǎnxiè nín

真不知道该怎样感谢您。

"전 '부"즈'다오 "까이 „쩐'양 „간'셰 ,닌

10 친절을 베풀어 주셔서 감사합니다.

Xiè xie nín de guānzhào

谢谢您的关照。

'셰셰 ,닌더 "꽌'자오

11 환대에 감사드립니다.

Xiè xie nín de rèqíng kuǎndài

谢谢您的热情款待。

'셰셰 ,닌더 '러,칭 „콴'다이

12 큰 도움이 되었어요.

Duì wǒ bāngzhù tài dà le

对我帮助太大了。

'뒈이„워 "빵'주 '타이 '따러

13 동반해 주셔서 즐겁습니다.

Yǒu nín péi wǒ, zhēnshi tài gāoxìng le
有您陪我，真是太高兴了。
„요 ,닌 ,페이„워 "전스 '타이 "까오'싱러

14 당신 덕분에 오늘 정말 재미있게 보냈습니다.

Tuō nín de fú, jīntiān guò de tài yúkuài le
托您的福，今天过得太愉快了。
"퉈 ,닌더,푸 "진"텐 '궈더 '타이 ,위'콰이러

15 저희와 함께 시간을 보내 주셔서 감사합니다.

Xiè xie nín péi wǒmen
谢谢您陪我们。
'셰셰,닌 ,페이 „워먼

16 모든 게 맛있었습니다.

Suǒyǒu de cài dōu nàme hǎo chī
所有的菜都那么好吃。
„쒀„요더 '차이 "도 '나머 „하오"츠

17 당신은 생명의 은인입니다.

Nín shì wǒ shēngmìng de ēnrén
您是我生命的恩人。
,닌 '스 „워 "성'밍더 "언,런

18 걱정해 주셔서 고맙습니다.

Xiè xie nín wèi wǒ fèixīn
谢谢您为我费心。
'셰셰 ,닌 '웨이„워 '페이"신

고마움에 대한 응답을 할 때

01 **천만에요.**

Nǎ li nǎ li

哪里哪里。

„나리 „나리

---

02 **천만에요. (강조)**

Méiyǒu de shì

没有的事。

,메이„요더 '스

---

03 **원 별말씀을요.**

Nǎr de huà

哪儿的话。

„날더 '화

---

04 **제가 오히려 고맙죠.**

Gāi xiè de shì wǒ

该谢的是我。

"까이 '셰더 '스 „워

---

05 **제가 오히려 즐거웠습니다.**

Gāoxìng de yīnggāi shì wǒ

高兴的应该是我。

"까오'싱더 "잉"가이 '스 „워

---

06 **대단한 일도 아닙니다.**

Zhè diǎn shì, suàn bu liǎo shénme

这点事，算不了什么。

'저„뎬 '스 '쏸부„랴오 ,선머

07 그것은 아무것도 아닙니다.

Zhè méi shénme
这没什么。
'저 ,메이 ,선머

08 전혀 그렇지 않습니다.

Jué bú shì nà yàng de
绝不是那样的。
,쥐에 ,부'스 '나'양더

09 이젠 괜찮습니다. 고맙습니다.

Xiànzài méi shì le, xiè xie
现在没事了，谢谢。
'셴'자이 ,메이'스러 '셰셰

10 당신을 도울 수 있다는 것은 너무나 기쁜 일이죠.

Néng gòu bāng shàng nín de máng, wǒ zhēnshi tài gāoxìng le
能够帮上您的忙，我真是太高兴了。
,넝'꼬 "빵'상 ,닌더 ,망 „워 "전스 '타이 "까오'싱러

11 저도 마찬가지로 감사합니다.

Wǒ tóngyàng gǎnxiè nín
我同样感谢您。
„워 ,통'양 „간'셰 ,닌

12 우린 그 일로 그 사람한테 감사를 해야 합니다.

Wèi zhè shì, wǒmen gāi gǎnxiè tā
为这事，我们该感谢他。
'웨이 '저 '스 „워먼"까이 „간'셰"타

선물을 주고받을 때

01 당신에게 드리려고 뭘 사왔어요.

Wǒ mǎile diǎn dōng xi, xiǎng sòng nǐ

我买了点东西，想送你。

„워 „마이러„뎬 "동시 „샹 '쑹„니

02 자, 선물 받으세요.

Qǐng shōu xià, zhè shì wǒ de yì diǎn xīnyì

请收下，这是我的一点心意。

„칭 "소'샤 '저'스 „워더 '이„뎬 "신'이

03 당신에게 줄 조그만 선물입니다.

Zhè shì wǒ gěi nín de xiǎo lǐwù

这是我给您的小礼物。

'저'스 „워„게이 ˏ닌더 „샤오„리'우

04 보잘것없는 것이지만 받아 주십시오.

Bùchéng jìngyì, qǐng nín xiào nà

不成敬意，请您笑纳。

'부ˏ청 '징'이 „칭 ˏ닌 '샤오'나

05 이 선물은 제가 직접 만든 거예요.

Zhè lǐwù shì wǒ qīnshǒu zhìzuò de

这礼物是我亲手制作的。

'저 „리'우 '스 „워 "친„소 '즈'줘더

06 대단치 않지만 마음에 들었으면 합니다.

Suīrán bù qǐyǎn, xīwàng nǐ néng xǐ huan

虽然不起眼，希望你能喜欢。

"쒜이ˏ란 '부„치 „옌 "시'왕 „니 ˏ넝 „시환

07 이거 정말 저한테 주는 겁니까?

Zhè zhēnshi gěi wǒ de
这真是给我的?
'저 ''전스 „게이„워더

08 정말 고맙지만, 받을 수 없습니다.

Suīrán hěn gǎnxiè, kě wǒ bù néng shōu xià
虽然很感谢, 可我不能收下。
''쒜이,란 „헌 „간'셰 „커 „워 '부,넝 ''소'샤

09 이건 바로 제가 갖고 싶었던 거예요.

Zhè zhēng shi wǒ fēicháng xiǎng yào de yo
这正是我非常想要的哟。
'저 ''전스 „워 ''페이,창 „샹 '야오더요

10 아, 이러시면 안 되는데요. 받기 곤란합니다.

Ā, zhè tài bù hǎo yìsi le, wǒ bù gǎn shōu xià
啊, 这太不好意思了, 我不敢收下。
''아 '저 '타이 '부„하오'이쓰러 „워 '부„간 ''소'샤

11 당신은 정말 사려가 깊으시군요.

Nín zhēnshi kǎolǜ zhōudào a
您真是考虑周到啊。
,닌 ''전스 „카오'뤼 ''조'다오아

12 훌륭한 선물을 주셔서 대단히 고맙습니다.

Chéngméng nín de hòuyì, bù zhī gāi zěnme gǎnxiè
承蒙您的厚意, 不知该怎么感谢。
,청,멍 ,닌더 '호'이 '부''즈 ''까이 „쩐머 „간'셰

사과&사죄에 관한 표현

QR코드 음원

대표 회화 알아두기

귀찮게 해서 미안합니다.

Duì bu qǐ, dǎrǎo nín le
对不起，打扰您了。

괜찮습니다.

Bú yào jǐn
不要紧。

미안합니다. 제가 날짜를 혼동했군요.

Bù hǎo yìsi, wǒ jì cuò le rìqī
不好意思，我记错了日期。

그까짓 것 문제될 것 없습니다.

Nà diǎn shì bù chéng wèntí
那点事不成问题。

사과할 때

01 정말 죄송합니다.

Duì bu qǐ　　Bù hǎo yìsi
对不起。/ 不好意思!
'뒈이부„치　　'부„하오'이쓰

02 늦어서 미안합니다.

Lái wǎn le,　　zhēn duì bu qǐ
来晚了, 真对不起。
,라이„완러　　"전 '뒈이부„치

03 당신에게 사과드립니다.

Zhēn chéng de xiàng nín dàoqiàn
真诚地向您道歉。
"전,청더 '샹,닌 '따오'쳰

04 그 일에 대해서 미안하게 생각하고 있습니다.

Duì nà jiàn shì,　　wǒ gǎndào hěn duì bu qǐ nín
对那件事, 我感到很对不起您。
'뒈이 '나'젠 '스　　„워 „간'다오 „헌 '뒈이부„치 ,닌

05 다시는 이런 일이 일어나지 않을 겁니다.

Wǒ bǎozhèng,　　zài yě bù huì fāshēng zhèyàng de shì le
我保证, 再也不会发生这样的事了。
„워 „바오'정　　'짜이 „예 '부'훼이 "파"성 '저'양더 '스러

06 귀찮게 해서 미안합니다.

Duì bu qǐ,　　dǎrǎo nín le
对不起, 打扰您了。
'뒈이부„치　　„따„라오 ,닌러

07 단지 제 탓이죠.

Zhè dōu yuàn wǒ

这都怨我。

'저 "도 '위엔„워

08 미안해요, 어쩔 수가 없었어요.

Duì bu qǐ, wǒ yě méi bànfǎ

对不起，我也没办法。

'뛔이부„치 „워 „예 ,메이'빤„파

09 기다리게 해서 미안합니다.

Bù hǎo yìsi ràng nǐ jiǔ děng le

不好意思让你久等了。

'부„하오'이쓰 '랑„니 „죠„덩러

10 더 일찍 답장을 못 드려서 죄송합니다.

Hěn bàoqiàn méi néng jíshí huíxìn

很抱歉没能及时回信。

„헌 '빠오'첸 ,메이,넝 ,지,스 ,훼이'신

11 시간을 너무 많이 빼앗아 죄송합니다.

Hěn bàoqiàn làngfèi le nín de bǎoguì shíjiān

很抱歉浪费了您的宝贵时间。

„헌 '빠오'첸 '랑'페이러 ,닌더 „바오'궤이 ,스"졘

12 폐를 끼치고 싶지 않습니다.

Bù xiǎng máfan nín

不想麻烦您。

'부„샹 ,마판 ,닌

13 고의로 그런 게 아닙니다.

Wǒ bú shì gùyì de
我不是故意的。
„워 ,부'스 '구'이더

14 그럴 생각은 추호도 없었습니다.

Kě wǒ yì diǎn méiyǒu zhè zhǒng xiǎngfǎ
可我一点没有这种想法。
„커 „워 '이„뎬 ,메이„요 '저„종 „샹„파

15 미안합니다. 제가 날짜를 혼동했군요.

Bù hǎo yìsi, wǒ jì cuò le rìqī
不好意思, 我记错了日期。
'부„하오'이쓰 „워 '지'춰러 '르"치

16 내가 말을 잘못했습니다.

Shì wǒ shuō de bú duì
是我说得不对。
'스 „워 "숴더 ,부'뒈이

17 그건 저의 부주의 탓이었어요.

Dōu guài wǒ bù liúshén
都怪我不留神。
"도 '꽈이„워 '부,료,선

18 제 부주의였습니다.

Shì wǒ méi zhùyì
是我没注意。
'스 „워 ,메이 '주'이

01 **용서해 주십시오.**

Qǐng nín yuánliàng
请您原谅。
„칭 ,닌 ,위엔'량

02 **한번 봐 주십시오.**

Qǐng nín yuánliàng wǒ zhè yí cì
请您原谅我这一次。
„칭 ,닌 ,위엔'량 „워 '저 ,이'츠

03 **기회를 한번 주세요.**

Qǐng zài gěi wǒ yí cì jīhuì
请再给我一次机会。
„칭 '짜이 „게이„워 ,이'츠 ''지'훼이

04 **저의 사과를 받아주세요.**

Qǐng yǔnxǔ wǒ xiàng nín dàoqiàn
请允许我向您道歉。
„칭 „윈„쉬 „워 '샹 ,닌 '따오'첸

05 **제가 한 일을 용서해 주십시오.**

Qǐng yuánliàng wǒ de guòcuò
请原谅我的过错。
„칭 ,위엔'량 „워더 '궈'춰

06 **다시는 그런 일이 없을 겁니다.**

Wǒ bǎozhèng, zài yě bú huì fàn tóngyàng de cuòwù
我保证，再也不会犯同样的错误。
„워 „바오'정 '짜이 „예 ,부'훼이 '판 ,통'양더 '춰'우

사과·용서에 대한 응답

01 괜찮습니다.

Bú yào jǐn　　Méi guān xi　　Méi shénme

不要紧。/ 没关系。/ 没什么。

,부'야오 „진　　,메이 "꽌시　　,메이 ,선머

02 걱정하지 마세요.

Nín bú yòng dānxīn

您不用担心。

,닌 ,부'용 "딴"신

03 그까짓 것 문제될 것 없습니다.

Nà diǎn shì bù chéng wèntí

那点事不成问题。

'나„뎬 '스 '부,청 '원,티

04 당신을 용서하겠어요.

Wǒ yuánliàng nǐ

我原谅你。

„워 ,위엔'량 „니

05 좋아요, 받아들이죠.

Hǎo ba,　　wǒ jiēshòu nǐ de dàoqiàn

好吧，我接受你的道歉。

„하오바　　„워 "졔'소 „니더 '따오'첸

06 이번에는 자네 행동을 눈감아 주겠네.

Zhè cì wǒ jiù yuánliàng nǐ

这次我就原谅你。

'저'츠 „워'죠 ,위엔'량 „니

축하&환영에 관한 표현

QR코드 음원

대표 회화 알아두기

승진을 축하합니다.
Zhùhè nín gāoshēng
祝贺您高升。

고맙습니다. 운이 좋았던 것 같아요.
Xiè xie, kàn lái wǒ jiāo le hǎo yùn
谢谢，看来我交了好运。

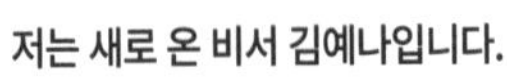

저는 새로 온 비서 김예나입니다.
Wǒ shì xīn lái de mìshū jīn yì nà
我是新来的秘书金艺娜。

같이 일하게 되어 반갑습니다.
Zhēn gāoxìng néng gēn nǐ yì qǐ gōngzuò
真高兴能跟你一起工作。

01 성공을 축하드립니다.

Jǐn hè chénggōng
谨贺成功!
„진'허,청"공

02 승진을 축하합니다.

Zhùhè nín gāoshēng
祝贺您高升。
'주'허,닌 "까오"성

03 고맙습니다. 운이 좋았던 것 같아요.

Xiè xie, kàn lái wǒ jiāo le hǎo yùn
谢谢, 看来我交了好运。
'셰셰 '칸,라이 „워 "쟈오러 „하오'윈

04 생일을 축하합니다.

Shēngrì kuàilè
生日快乐。
"성'르 '콰이'러

05 결혼을 축하합니다.

Gōngxǐ nǐmen jiéhūn
恭喜你们结婚!
"꽁„시 „니먼,졔"훈

06 출산을 축하합니다.

Gōngxǐ nín dāng bàba (mā ma) le
恭喜您当爸爸(妈妈)了!
"꽁„시,닌 "당'빠바 ("마마) 러

기원·축복할 때

01 새해 복 많이 받으세요.

Xīnnián kuàilè

新年快乐!

"신,녠 '콰이'러

02 즐거운 크리스마스 보내세요.

Shèngdàn kuàilè

圣诞快乐!

'성'딴 '콰이'러

03 즐거운 명절 되세요!

Jiérì kuàilè

节日快乐!

,졔'르 '콰이'러

04 행운을 빌게요.

Zhù nǐ hǎo yùn

祝你好运。

'주 „니 „하오'윈

05 당신에게 신의 축복이 있기를!

Yuàn shàngdì bǎoyòu nǐ

愿上帝保佑你!

'위엔 '상'띠 „바오'요 „니

06 모든 일이 잘 되기를 바라요.

Zhù nǐ wànshì rúyì

祝你万事如意。

'주 „니 '완'스 ,루'이

환영할 때

01 저는 새로 온 비서 김예나입니다.

Wǒ shì xīn lái de mìshū jīn yì nà
我是新来的秘书金艺娜。
„워 '스 "신,라이더 '미"수 "진'이'나

---

02 안녕하세요. 미스 김. 입사를 축하합니다.

Nǐ hǎo, jīn xiǎojie, huānyíng nǐ jiārù wǒmen de gōngsī
你好，金小姐，欢迎你加入我们的公司。
„니 „하오 "진„샤오제 "환,잉 „니 "쟈'루 „워먼더 "꽁"쓰

---

03 같이 일하게 되어 반갑습니다.

Zhēn gāoxìng néng gēn nǐ yì qǐ gōngzuò
真高兴能跟你一起工作。
"전 "까오'싱 ,넝 "껀„니 '이„치 "꽁'줘

---

04 저의 집에 오신 것을 환영합니다.

Huānyíng nín lái wǒ jiā zuòkè
欢迎您来我家做客。
"환,잉 ,닌 ,라이 „워"쟈 '쭤'커

---

05 한국에 오신 것을 환영합니다.

Huānyíng nín lái hánguó
欢迎您来韩国。
"환,잉 ,닌 ,라이 ,한,궈

---

06 이곳이 마음에 들기를 바랍니다.

Xī wàng zhèr néng ràng nín mǎn yì
希望这儿能让您满意。
"시'왕 '절 ,넝 '랑,닌 „만'이

대표 회화 알아두기

여기서 작별인사를 해야겠어요.
Wǒmen jiùcǐ fēnshǒu ba
我们就此分手吧。

다시 만날 수 있을까요?
Wǒmen néng zài jiànmiàn ma
我们能再见面吗?

오늘 즐거우셨어요?
Jīntiān nǐ gāoxìng ma
今天你高兴吗?

오늘밤은 정말 재미있었습니다.
Jīntiān wǎn shang tài yǒu yì si le
今天晚上太有意思了。

01 이제 가봐야겠습니다.

Wǒ gāi zǒu le Xiànzài gāi zǒu le Wǒ děi huí qù le
我该走了。/ 现在该走了。/ 我得回去了。
„워 "까이 „쪼러 '셴'자이 "까이 „쪼러 „워 „데이 ,훼이'취러

02 여기서 작별인사를 해야겠어요.

Wǒmen jiùcǐ fēnshǒu ba
我们就此分手吧。
„워먼 '죠 „츠 "펀„소바

03 떠나려고 하니 아쉽습니다.

Yào líkāi, zhēn yǒu xiē shě bu de
要离开，真有些舍不得。
'야오 ,리"카이 "전 „요"셰 „서부더

04 아, 벌써 아홉 시입니까? 가봐야겠네요.

Ā, dōu jiǔ diǎnle, wǒ gāi zǒu le
啊，都九点了，我该走了。
"아 "도 „죠„뎬러 „워 "까이 „쪼러

05 너무 늦은 것 같군요. / 너무 오래 있었네요.

Wǒmen dài de tài jiǔ le
我们待得太久了。
„워먼 '따이더 '타이 „죠러

06 11시까지 집에 도착해야 합니다.

Shí yī diǎn qián, wǒ wúlùn rúhé děi dào jiā
十一点前，我无论如何得到家。
,스"이„덴,첸 „워,우'룬,루,허 „데이 '따오"쟈

07 마음껏 즐겼습니다.

Jīntiān wán de zhēn tòngkuài
今天玩得真痛快。
"진"톈 ,완더 "전 '퉁'콰이

08 당신을 알게 되어 기쁩니다.

Rènshi nǐ hěn gāoxing
认识你很高兴。
'런스 „니 „헌 "까오싱

09 정말로 식사 잘 했습니다.

Jīntiān zhēnshi dà bǎo kǒufú le
今天真是大饱口福了。
"진"톈 "전스 '따„바오 „코,푸러

10 오늘밤은 정말 재미있었습니다.

Jīntiān wǎn shang tài yǒu yì si le
今天晚上太有意思了。
"진"톈 „완상 '타이 „요'이쓰러

11 파티의 순간순간이 정말 재미있었어요.

Jīn tiān de jù huì měi fèn měi miǎo dōu nà me yǒu yì si
今天的聚会, 每分每秒都那么有意思。
"진"톈더 '쥐'훼이 „메이'펀 „메이„먀오 "도 '나머 „요'이쓰

12 그럼, 다음에 뵐게요. 안녕히 계세요.

Nà wǒmen xià cì zàijiàn ba, nín liúbù
那我们下次再见吧, 您留步。
'나 „워먼 '샤'츠 '짜이'졘바 ,닌 ,료'부

자리에서 일어서는 사람에게 말할 때

01 좀 더 계시다 가시면 안 돼요?

Dāi yí huìr zài zǒu bùxíng ma
呆一会儿再走不行吗?
"따이 ,이'훨 '짜이 „쪼 '부,싱마

02 그렇게 서둘러 떠나지 마세요.

Nín bú yào zháo jí zǒu
您不要着急走。
,닌 ,부'야오 ,자오,지 „쪼

03 계시다가 저녁 드시고 가시지 그러세요.

Nín zài dāi yí huìr, chī wán wǎn fàn zài zǒu ba
您再呆一会儿, 吃完晚饭再走吧。
,닌 '짜이 "따이 ,이'훨 "츠,완 „완'판 '짜이 „쪼바

04 오늘 즐거우셨어요?

Jīntiān nǐ gāoxìng ma
今天你高兴吗?
"진"텐 „니 "까오'싱마

05 다시 만날 수 있을까요?

Wǒmen néng zài jiànmiàn ma
我们能再见面吗?
„워먼 ,넝 '짜이'젠'몐마

06 또 오세요.

Xià cì zài lái
下次再来。
'샤'츠 '짜이 ,라이

헤어질 때

01 안녕히 가세요.

Nín hǎo zǒu
您好走。
,닌 „하오„쪼

02 다음에 뵙겠습니다.

Huítóu jiàn
回头见。
,훼이,토 '젠

03 그래요. 그럼 그 때 뵙겠습니다.

Nà hǎo, huítóu jiàn
那好，回头见。
'나 „하오 ,훼이,토 '젠

04 재미있는 시간 보내세요.

Zhù nín guò de yú kuài
祝您过得愉快！
'주 ,닌 '궈더 ,위'콰이

05 즐거운 하루 보내세요.

Zhù nín jīntiān kuàilè
祝您今天快乐。
'주 ,닌 "진"톈 '콰이'러

06 안녕히 계세요. / 살펴 가세요.

Nín liúbù / Nín màn zǒu
您留步。/ 您慢走。
,닌 ,료'부 / ,닌 '만„쪼

07 와 주셔서 참 즐거웠습니다.

Xiè xie nǐ de guānglín, wǒ men zhēn gāoxìng
谢谢你的光临，我们真高兴。
'셰셰 „니더 ''꽝,린 „워먼 ''전 ''까오'싱

08 가끔 놀러 오세요.

Yǐhòu cháng lái wán
以后常来玩。
„이'호 ,창,라이 ,완

09 가끔 전화 주세요.

Qǐng cháng lái diànhuà
请常来电话。
„칭 ,창 ,라이 '뎬'화

10 초대해 주셔서 감사합니다.

Xiè xie nín de kuǎn dài
谢谢您的款待。
'셰셰 ,닌더 „콴'다이

11 여러분 모두가 보고 싶을 겁니다.

Wǒ huì xiǎng nǐmen dàjiā de
我会想你们大家的。
„워 '훼이 „샹 „니먼 '따''쟈더

12 당신 가족에게 제 안부 전해 주세요.

Qǐng gěi nǐ de jiā rén dài ge hǎo
请给你的家人带个好。
„칭 „게이 „니더 ''쟈,런 '따이거 „하오

PART 2

일상표현

UNIT 01 가족관계에 관한 표현

QR코드 음원

대표 회화 알아두기

가족은 몇 분이나 됩니까?

Qǐngwèn nǐ jiā jǐ kǒu rén

请问你家几口人?

우리 식구는 다섯 명입니다.

Wǒjiā wǔ kǒu rén

我家五口人。

아이들은 몇 명이나 됩니까?

Nǐ yǒu jǐ gè háizi

你有几个孩子?

4살 된 아들 하나가 있습니다.

Yǒu yí ge sì suì de érzi

有一个四岁的儿子。

01 가족은 몇 분이나 됩니까?

Qǐngwèn nǐ jiā jǐ kǒu rén

请问你家几口人?

„칭'원 „니 "쟈 „지„코,런

02 식구는 많습니까?

Jiālǐ rén duō ma

家里人多吗?

"쟈„리 ,런 "둬마

03 우리는 대가족입니다.

Wǒmen shì dà jiāzú

我们是大家族。

„워먼 '스 '따"쟈,쭈

04 우리 식구는 다섯 명입니다.

Wǒjiā wǔ kǒu rén

我家五口人。

„워 "쟈 „우„코 ,런

05 아들은 초등학생입니다.

Wǒ érzi shì xiǎoxuéshēng

我儿子是小学生。

„워 ,알즈 '스 „샤오,쉬에"성

06 우리 가족은 매우 화목해요.

Wǒmen yì jiā fēicháng hémù

我们一家非常和睦。

„워먼 '이"쟈 "페이,창 ,허'무

01 부모님과 함께 사세요?

Gēn fù mǔ yì qǐ guò ma

跟父母一起过吗?

"껀 '푸„무 '이„치 '궈마

02 저는 부모님과 같이 살고 있습니다.

Wǒ gēn fùmǔ yìqǐguò ne

我跟父母一起过呢。

„워 "껀 '푸„무 '이„치 '궈너

03 부모님은 연세가 어떻게 되십니까?

Qǐngwèn shuāngqīn jīnnián gāoshòu

请问双亲今年高寿?

„칭'원 "솽"친 "진,녠 "까오'소

04 형제가 몇 분이세요?

Yǒu jǐ gè xiōng dì

有几个兄弟?

„요 „지'거 "숑'디

05 형 한 명과 누나 한 명이 있습니다.

Wǒ yǒu yí ge gē ge hé yí ge jiě jie

我有一个哥哥和一个姐姐。

„워 „요 ,이거 "거거 ,허 ,이거 „제제

06 형제나 자매가 있습니까?

Yǒu xiōng dì jiě mèi ma

有兄弟姐妹吗?

„요 "숑'디 „졔'메이마

자녀에 대해 말할 때

01 난 독자예요. 당신은 어때요?

Wǒ shì dúshēngzǐ, nǐ ne

我是独生子，你呢？

„워 '스 ,두"성„쯔 „니너

02 아이들은 몇 명이나 됩니까?

Nǐ yǒu jǐ gè háizi

你有几个孩子？

„니 „요 „지'거 ,하이즈

03 저희는 아이가 없습니다.

Wǒmen hái méiyǒu háizi

我们还没有孩子。

„워먼 ,하이 ,메이„요 ,하이즈

04 4살 된 아들 하나가 있습니다.

Yǒu yí ge sì suì de érzi

有一个四岁的儿子。

„요 ,이거 '쓰'쒜이더 ,알즈

05 자녀가 있습니까?

Yǒu zǐnǚ ma

有子女吗？

„요 „쯔„뉘마

06 아이들이 셋 있어요. 딸 둘하고, 아들 하나입니다.

Yǒusān ge hái zi, liǎng ge nǚ ér, yí ge ér zi

有三个孩子，两个女儿，一个儿子。

„요 "싼거 ,하이즈 „량거 „뉘,알 ,이거 ,알즈

나이&생일에 관한 표현

QR코드 음원

대표 회화 알아두기

나이를 여쭤 봐도 될까요?

Kěyǐ wèn yí xià niánlíng ma

可以问一下年龄吗?

서른 다섯입니다.

Sān shí wǔ le

三十五了。

당신의 별자리가 뭐죠?

Nǐ shì shénme xīngzuò de

你是什么星座的?

저는 소띠이고요, 물고기자리에요.

Wǒ shǔ niú, shì shuāng yú zuò

我属牛, 是双鱼座。

나이를 말할 때

01 몇 살이세요?

Duō dà le
多大了?
"뛰'다러

02 나이를 여쭤 봐도 될까요?

Kěyǐ wèn yí xià niánlíng ma
可以问一下年龄吗?
„커„이 '원 ,이'샤 ,녠,링마

03 서른 다섯입니다.

Sān shí wǔ le
三十五了。
"싼,스„우러

04 20대 초반입니다.

Gāng guò èr shí suì
刚过二十岁。
"깡'궈 '알,스'쒜이

05 30대 후반입니다.

Sān shí duō kuài sì shí le
三十多快四十了。
"싼,스"뛰 '콰이 '쓰,스러

06 40대입니다.

Wǒ sì shí duō le
我四十多了。
„워 '쓰,스 "뛰러

07 저와 동갑이군요.

Nǐ hé wǒ tóng suì ya
你和我同岁呀。
„니 ,허„워 ,통'쒜이야

08 저보다 3살 위이군요.

Bǐ wǒ dà sān suì ya
比我大三岁呀。
„비„워 '따 "싼'쒜이야

09 그들은 몇 살이죠?

Tāmen duō dà le
他们多大了?
"타먼 "뚸'다러

10 나이를 말하고 싶지 않습니다.

Wǒ bù xiǎng shuō niánlíng
我不想说年龄。
„워 '부„샹 "숴 ,녠,링

11 제가 몇 살인지 추측해 보세요.

Nǐ cāi cāi wǒ yǒu duō dà
你猜猜我有多大。
„니 "차이"차이 „워 „요 "뚸'다

12 당신은 나이보다 젊어 보입니다.

Nǐ xiǎn de bǐ shíjì niánlíng niánqīng
你显得比实际年龄年轻。
„니 „셴더 „비 ,스'지 ,녠,링 ,녠"칭

생일을 말할 때

01 **생일이 언제입니까?**

Shēngrì shì shénme shí hou

生日是什么时候?

"성'르 '스,선머,스호

---

02 **언제 태어났습니까?**

Shénme shí hou chūshēng de

什么时候出生的?

,선머,스호 "추"성더

---

03 **당신의 별자리가 뭐죠?**

Nǐ shì shénme xīngzuò de

你是什么星座的?

„니 '스,선머 "싱'쭤더

---

04 **저는 소띠이고요, 물고기자리에요.**

Wǒ shǔ niú, shì shuāng yú zuò

我属牛, 是双鱼座。

„워„수,뇨 '스"솽,위'쭤

---

05 **몇 년도에 태어나셨어요?**

Nǎ nián chūshēng de

哪年出生的?

„나,녠 "추"성더

---

06 **저는 1997년에 태어났어요.**

Wǒ shì yī jiǔ jiǔ qī nián chūshēng de

我是1997年出生的。

„워'스"이„죠„죠"치,녠 "추"성더

주거&출신& 종교에 관한 표현

QR코드 음원

대표 회화 알아두기

국적이 어디십니까?

Shénme guójí

什么国籍?

중국입니다.

Shì zhōng guó

是中国。

무슨 종교를 믿습니까?

Qǐngwèn nín xìn shénme zōngjiào

请问您信什么宗教?

저는 기독교 신자입니다.

Wǒ xìn jīdūjiào

我信基督教。

01 고향은 어디세요?

Lǎojiā shì nǎlǐ
老家是哪里?
„라오"쟈 '스 „나„리

02 서울입니다.

Shì shǒu ěr
是首尔。
'스 „소„얼

03 국적이 어디십니까?

Shénme guójí
什么国籍?
,선머 ,궈,지

04 중국입니다.

Shì zhōng guó
是中国。
'스"종 ,궈

05 일본입니다.

Shì rì běn
是日本。
'스'르 „번

06 어디에서 오셨습니까?

Nǐ shì cóng shénme dìfang lái de
你是从什么地方来的?
„니 '스 ,총 ,선머 '디팡 ,라이더

07 당신은 어디에서 오셨습니까?

Nín shì cóng shénme dìfang láide

您是从什么地方来的?

,닌 '스 ,총 ,선머 '디팡 ,라이더

08 어디에서 자라셨습니까?

Nǐ shì zài shénme dìfang zhǎng dà de

你是在什么地方长大的?

„니 '스 '짜이 ,선머 '디팡 „장'따더

09 태어나서 자란 곳이 어디입니까?

Nǐ de chūshēng dì shì nǎlǐ

你的出生地是哪里?

„니더 "추"성 '디'스 „나„리

10 서울에서 자랐어요.

Cóng xiǎo zài shǒu ěr zhǎng dà

从小在首尔长大。

,총 „샤오 '짜이 „소„얼 „장'따

11 서울 토박입니다.

Shì tǔshēng tǔzhǎng de shǒu ěr rén

是土生土长的首尔人。

'스 „투"성 „투„장더 „소„얼,런

12 고향이 그립습니다.

Wǒ kě xiǎng lǎo jiā le

我可想老家了。

„워 „커 „샹 „라오"쟈러

거주지를 말할 때

01 어디에서 사세요?

Qǐngwèn nǐ zhù zài shénme dì fang
请问你住在什么地方?
„칭'원 „니 '주'자이 ,선머 '디팡

02 서울 교외에서 살고 있어요.

Wǒ zhù zài shǒu ěr jiāoqū
我住在首尔郊区。
„워 '주'자이 „소„얼 "쟈오"취

03 본적지가 어디세요?

Jíguàn shì nǎlǐ
籍贯是哪里?
,지'관 '스 „나„리

04 여기서 먼 곳에 살고 계세요?

Nǐ zhù de dìfang, lí zhèr hěn yuǎn ma
你住的地方, 离这儿很远吗?
„니 '주더 '디팡 ,리'절 „헌 „위엔마

05 어디에 살고 계세요?

Qǐngwèn zhù zài nǎlǐ
请问住在哪里?
„칭'원 '주'자이 „나„리

06 이 근처에 살고 있어요.

Jiù zhù zài zhè fù jìn
就住在这附近。
'죠 '주'자이 '저'푸'진

07 그곳에서 얼마나 사셨어요?

Nǐ zài nàr zhù le duō jiǔ

你在那儿住了多久?

„니 '자이 '날 '주러 "뛰„죠

08 아파트에 사세요, 단독에 사세요?

Shì gōngyù háishi dúmén dúyuàn

是公寓还是独门独院?

'스 "꽁'위 ,하이스 ,두,먼 ,두'위엔

09 아파트에서 살고 있습니다.

Wǒ zhù zài gōng yù

我住在公寓。

„워 '주'짜이 "꽁'위

10 주소가 어떻게 됩니까?

Dìzhǐ zěnme xiě

地址怎么写?

'띠„즈 „쩐머 „셰

11 서울에서 얼마나 사셨어요?

Zài shǒu ěr zhù le duōjiǔ

在首尔住了多久?

'짜이 „소„얼 '주러 "뛰 „죠

12 그곳까지 얼마나 걸립니까?

Dào nàr xūyào duō cháng shíjiān

到那儿需要多长时间?

'따오'날 "쉬'야오 "뛰,창 ,스"젠

종교를 말할 때

01 무슨 종교를 믿습니까?

Qǐngwèn nín xìn shénme zōngjiào

请问您信什么宗教?

„칭'원 ,닌 '신 ,선머 "쫑'쟈오

---

02 저는 기독교 신자입니다.

Wǒ xìn jīdūjiào

我信基督教。

„워 '신 "지"두'쟈오

---

03 신의 존재를 믿으세요?

Nǐ xiāngxìn shén de cúnzài ma

你相信神的存在吗?

„니 "샹'신 ,선더 ,춘'자이마

---

04 저는 천주교를 믿습니다.

Wǒ xìnyǎng tiānzhǔjiào

我信仰天主教。

„워 '신„양 "톈„주'쟈오

---

05 저는 불교 신자입니다.

Wǒ shì ge fójiào tú

我是个佛教徒。

„워 '스거 ,포'쟈오,투

---

06 그는 신앙심이 매우 깊어요.

Tā hěn qiánchéng

他很虔诚。

"타 „헌 ,첸,청

날씨&계절에 관한 표현

QR코드 음원

대표 회화 알아두기

오늘 날씨 어때요?

Jīntiān tiānqì zěnme yàng

今天天气怎么样?

비가 올 것 같아요.

Kàn yàngzi yào xià yǔ

看样子要下雨。

내일 일기 예보는 어떻습니까?

Míng tiān tiān qì yù bào zěnme yàng

明天天气预报怎么样?

일기예보에 의하면 내일은 맑을 것이라고 합니다.

Tiānqì yùbào shuō míng tiān shì qíngtiān

天气预报说明天是晴天。

01 오늘 날씨 어때요?

Jīntiān tiānqì zěnme yàng
今天天气怎么样?
"진"텐 "텐'치 „쩐머'양

02 서울 날씨가 어떻습니까?

Shǒu ěr de tiānqì zěnme yàng
首尔的天气怎么样?
„소 „얼더 "텐'치 „쩐머'양

03 오늘은 날씨가 화창하군요.

Jīntiān tiānqì zhēn qínglǎng
今天天气真晴朗。
"진"텐 "텐'치 "전 ,칭„랑

04 날씨가 정말 우중충하군요.

Tiānqì zhēnshi yīn àn a
天气真是阴暗啊。
"텐'치 "전스 "인'안아

05 비가 올 것 같아요.

Kàn yàngzi yào xià yǔ
看样子要下雨。
'칸'양즈 '야오 '샤„위

06 비가 오락가락 하군요.

Zhè yǔ xià xià tíng tíng, zhēn tǎoyàn
这雨下下停停, 真讨厌。
'저 „위 '샤'샤 ,팅,팅 "전 „타오'옌

07 눈이 올 것 같은 날씨예요.

Zhè tiānqì kàn yàngzi yào xià xuě

这天气看样子要下雪。

'저 "톈'치 '칸'양즈 '야오 '샤„쉬에

08 함박눈이 내려요.

Zhēnshi ruìxuě piāo piāo a

真是瑞雪飘飘啊。

"전스 '뤠이„쉬에 "퍄오"퍄오아

09 밖에 아직도 바람이 부는가요?

Wàibian hái zài guā fēng ma

外边还在刮风吗?

'와이볜,하이 '자이 "과"펑마

10 아니오, 잔잔해졌어요.

Bù, xiànzài bù guā le

不, 现在不刮了。

'부 '셴'자이 '부"과러

11 안개 때문에 아무것도 안 보여요.

Wù nóng de shénme yě kàn bu jiàn

雾浓得什么也看不见。

'우,농더,선머„예 '칸부'젠

12 안개가 곧 걷힐 거예요.

Wù hěn kuài huì sàn de

雾很快会散的。

'우„헌'콰이 '훼이 '싼더

13 푹푹 찌는군요!

Jiù xiàng zhēnglóng shì de
就像蒸笼似的。
'죠 '샹 ''정,롱 '스더

14 따뜻해요.

Hěn nuǎnhuo
很暖和。
„헌 „놘훠

15 건조해요.

Hěn gānzào
很干燥。
„헌 ''깐'짜오

16 눅눅해요.

Kě shī rùn le
可湿润了。
„커 ''스'룬러

17 시원해요.

Zhēn liángkuai
真凉快。
''전 ,량콰이

18 얼어붙듯이 추워요.

Lěng de yào dòng sǐ le
冷得要冻死了。
„렁더 '야오 '똥 „쓰러

01 **주말 일기예보는 어떻습니까?**

Zhōumò tiānqì yùbào zěnme yàng

周末天气预报怎么样?

"조'모 "텐'치 '위'바오 „쩐머'양

02 **내일 일기 예보는 어떻습니까?**

Míng tiān tiān qì yù bào zěnme yàng

明天天气预报怎么样?

,밍"텐 "텐'치 '위'바오 „쩐머'양

03 **일기예보가 또 틀렸군요.**

Tiānqì yùbào yòu bù zhǔn le

天气预报又不准了。

"텐'치 '위'바오 '요 '부„준러

04 **오늘 폭풍주의보가 내렸어요.**

Jīn tiān fā bù le táifēng jǐngbào

今天发布了台风警报。

"진"텐 "파'부러 ,타이"펑 „징'바오

05 **오늘 호우경보가 내렸습니다.**

Jīn tiān fā bù le bào yǔ jǐng bào

今天发布了暴雨警报。

"진"텐 "파'부러 '바오„위 „징 '바오

06 **일기예보에 의하면 내일은 맑을 것이라고 합니다.**

Tiānqì yùbào shuō míng tiān shì qíngtiān

天气预报说明天是晴天。

"텐'치 '위'바오 "숴,밍"텐'스,칭"텐

계절을 말할 때

01 어느 계절을 좋아하세요?

Nǐ zuì xǐ huan nǎ ge jì jié

你最喜欢哪个季节?

„니 '쮀이 „시환 „나거 '지,졔

02 일년 내내 봄날이라면 좋겠어요.

Yàoshi yīniándàotóu dōu shì chūntiān jiù hǎo le

要是一年到头都是春天就好了。

'야오스 "이,녠 '따오,토 "도 '스 "춘"톈 '죠 „하오러

03 한국에서 7월과 8월은 무척 더워요.

Hánguó de qībā yuèfèn shì hěn rè de

韩国的七八月份是很热的。

,한,궈더 "치"빠'위에'펀 '스 „헌'러더

04 상관없어요. 저는 여름을 좋아하니까요.

Méi guān xi, wǒ xǐ huan xià tiān

没关系，我喜欢夏天。

,메이 "꽌시 „워„시환 '샤"톈

05 비가 많이 오는 계절은 싫어합니다.

Wǒ bù xǐ huan duō yǔ de jìjié

我不喜欢多雨的季节。

„워 '부„시환 "뚸„위더 '지,졔

06 가을은 운동과 독서의 계절입니다.

Qiūtiān shì shìhé yùndòng hé dúshū de jìjié

秋天是适合运动和读书的季节。

"쵸"톈 '스 '스,허 '윈'동,허 ,두"수더 '지,졔

시간&연월일에 관한 표현

QR코드 음원

대표 회화 알아두기

실례합니다. 몇 시입니까?

Bù hǎo yìsi, xiànzài jǐ diǎn le

不好意思，现在几点了？

정확히 3시입니다.

Sān diǎn zhěng

三点整。

오늘이 무슨 요일이죠?

Jīn tiān xīng qī jǐ

今天星期几？

토요일이에요.

Xīng qī liù

星期六。

시간을 물어볼 때

01 지금 몇 시죠?

Xiànzài jǐ diǎn le
现在几点了?
'셴'자이 „지„뎬러

02 어디 보자. 10시 30분입니다.

Ràng wǒ kàn kàn, shí diǎn bàn
让我看看, 十点半。
'랑„워 '칸'칸 ,스„뎬'빤

03 실례합니다. 몇 시입니까?

Bù hǎo yìsi, xiànzài jǐ diǎn le
不好意思, 现在几点了?
'부„하오'이쓰 '셴'자이 „지„뎬러

04 몇 시쯤 됐을까요?

Dàyuē néng yǒu jǐ diǎn
大约能有几点?
'따''위에 ,넝 „요 „지„뎬

05 정확히 3시입니다.

Sān diǎn zhěng
三点整。
''싼„뎬„정

06 거기에 가는 데 얼마나 걸립니까?

Dào nàli xūyào jǐ ge xiǎoshí
到那里需要几个小时?
'따오 '나리 ''쉬'야오 „지거 „샤오,스

07 역에서 걸어서 7분 걸립니다.

Cóng chē zhàn bù xíng xū yào qī fēnzhōng
从车站步行需要7分钟。
,총 "처'잔 '부,싱 "쉬'야오 "치"펀"종

---

08 몇 시에 개점(폐점)합니까?

Jǐ diǎn kāimén / Kāi dào jǐ diǎn
几点开门? / 开到几点?
„지„뎬 "카이,먼 / "카이'다오 „지„뎬

---

09 이제 가야 할 시간입니다.

Xiàn zài wǒ men děi zǒu le
现在我们得走了。
'셴'자이 „워먼 „데이 „쪼러

---

10 시간이 없는데요.

Méiyǒu shíjiān a
没有时间啊。
,메이„요 ,스"젠아

---

11 좀 더 시간이 필요합니다.

Zài xūyào yì diǎn shíjiān
再需要一点时间。
'짜이 "쉬'야오 '이„덴 ,스"젠

---

12 제 시계가 빨리 가요.

Wǒ de biǎo yǒuxiē kuài
我的表有些快。
„워더 „뱌오 „요"셰 '콰이

연월일을 물어볼 때

01 오늘이 무슨 요일이죠?

Jīn tiān xīng qī jǐ

今天星期几?

"진"톈 "싱"치„지

02 토요일이에요.

Xīng qī liù

星期六。

"싱"치'료

03 오늘이 며칠이죠?

Jīn tiān jǐ hào

今天几号?

"진"톈 „지'하오

04 몇 월이죠?

Jǐ yuè

几月?

„지'위에

05 오늘이 무슨 날이죠?

Jīntiān shì shénme rìzi

今天是什么日子?

"진"톈 '스 ,선머 '르쯔

06 다음 일요일이 며칠이죠?

Xià ge xīng qī tiān shì jǐ hào

下个星期天是几号?

'샤거 "싱"치"톈 '스 „지'하오

07 오늘 날짜가 며칠인지 알아요?

Nǐ zhīdào jīntiān shì jǐ hào ma

你知道今天是几号吗?

„니 "즈'다오 "진"톈 '스 „지'하오마

08 우리 휴가가 며칠부터 시작이죠?

Wǒmen de xiūjià jǐ hào kāishǐ

我们的休假几号开始?

„워먼더 "슈'쟈 „지'하오 "카이„스

09 며칠에 태어났어요?

Nǎ tiān shēng de

哪天生的?

„나 "톈 "성더

10 몇 년도에 태어나셨어요?

Shì nǎ nián chūshēng de

是哪年出生的?

'스 „나,녠 "추"성더

11 여기에 온 지 석 달입니다.

Wǒ dào zhèr sān ge yuè le

我到这儿三个月了。

„워 '따오'절 "싼거 '위에러

12 보통 월요일에서 금요일까지 영업합니다.

Tōng cháng shì xīng qī yī dào xīng qī wǔ yíng yè

通常是星期一到星期五营业。

"통,창 '스 "싱"치"이 '따오 "싱"치„우,잉'예

13 **7월 15일까지 답장을 보내시오.**

Qī yuè shí wǔ hào qián yī dìng yào huí xìn

7月15号前一定要回信。

"치'위에 ,스„우'하오 ,첸 "이'딩 '야오 ,훼이'신

---

14 **8월 25일까지 끝낼 수 있습니까?**

Dào bā yuè èr shí wǔ hào néng wán chéng ba

到八月二十五号能完成吧?

'따오 "빠'위에 '알,스„우 '하오 ,넝 ,완,청바

---

15 **이 표는 6일간 유효합니다.**

Zhè zhāng piào yǒuxiàoqī shì liù tiān

这张票有效期是六天。

'저"장 '퍄오 „요'샤오"치 '스 '료"텐

---

16 **그는 저보다 2년 선배입니다.**

Tā shì bǐ wǒ zǎo liǎng nián de xuézhǎng

他是比我早两年的学长。

"타 '스 „비„워 „짜오„량,녠더 ,쉬에„장

---

17 **몇 년도에 대학에 입학 하셨나요?**

Nǎ yì nián shàng de dà xué

哪一年上的大学?

„나 '이 ,녠 '상더 '따 ,쉬에

---

18 **오늘이 무슨 특별한 날입니까?**

Jīntiān shì shénme tèbié de rìzi ma

今天是什么特别的日子吗?

"진"텐 '스 ,선머 '터 ,볘더 '르쯔마

UNIT 06

때&장소에 관한 표현

QR코드 음원

격하게 중국어로 말하기

대표 회화 알아두기

언제 서울을 출발하니?

Shénme shíhou lí kāi shǒu ěr

什么时候离开首尔?

내일 아침 일찍 출발해.

Míngtiān yì zǎo jiù zǒu

明天一早就走。

언제 가면 좋을지 알겠습니까?

Nǐ zhīdào shénme shíhou qù hǎo ma

你知道什么时候去好吗?

언제 출발하면 좋을지 알려줘.

Nǐ gào su wǒ shénme shíhou chūfā hǎo

你告诉我什么时候出发好。

때를 물어볼 때

01 언제 가세요?

Shénme shíhou zǒu

什么时候走?

,선머 ,스호 „쪼

02 언제 서울을 출발하니?

Shénme shíhou lí kāi shǒu ěr

什么时候离开首尔?

,선머 ,스호 ,리"카이 „소„얼

03 내일 아침 일찍 출발해.

Míngtiān yì zǎo jiù zǒu

明天一早就走。

,밍"텐 '이„짜오 '죠„쪼

04 언제 거기에 갔어요?

Nǐ shénme shíhou dào nàr de

你什么时候到那儿的?

„니 ,선머,스호 '따오 '날더

05 언제 그게 일어났니?

Nà shì shénme shíhou fāshēng de

那是什么时候发生的?

'나 '스 ,선머,스호 "파"성더

06 언제 그것을 들었나요?

Nǐ shénme shíhou tīng dào de

你什么时候听到的?

„니 ,선머,스호 "팅'다오더

07 언제 그것을 알았습니까?

Nǐ shénme shíhou dé zhī de

你什么时候得知的?

„니 ,선머,스호 ,더"즈더

08 언제 출발하면 좋을지 알려줘.

Nǐ gào su wǒ shénme shíhou chūfā hǎo

你告诉我什么时候出发好。

„니 '까오쑤 „워 ,선머,스호 "추"파 „하오

09 언제 가면 좋을지 알겠습니까?

Nǐ zhīdào shénme shíhou qù hǎo ma

你知道什么时候去好吗?

„니 "즈'다오 ,선머,스호 '취 „하오마

10 언제 이쪽으로 오면 좋을지 몰랐어요.

Wǒ bù zhīdào shénme shíhou guòlái hǎo

我不知道什么时候过来好。

„워 '부"즈'다오 ,선머 ,스호 '궈,라이 „하오

11 그들은 언제 한국을 떠날 예정일까요?

Tāmen dǎsuàn shénme shíhou líkāi hánguó

他们打算什么时候离开韩国?

"타먼 „따'쏸 ,선머,스호 ,리"카이 ,한,궈

12 그는 언제 도착하니?

Tā shénme shíhou dào

他什么时候到?

"타 ,선머,스호 '따오

장소를 말할 때

01 당신 회사는 어디입니까?

Nǐmen gōngsī zài nǎr

你们公司在哪儿?

„니먼 "꽁"쓰 '짜이 „날

---

02 어디에 갔었니?

Nǐ qù nǎr la

你去哪儿啦?

„니 '취 „날라

---

03 지금 어디에 있니?

Nǐ xiànzài zài nǎr

你现在在哪儿?

„니 '셴'짜이 '짜이 „날

---

04 출구는 어디입니까?

Chūkǒu zài nǎr

出口在哪儿?

"추„코 '짜이 „날

---

05 여기가 어디야?

Zhèlǐ shì nǎr

这里是哪儿?

'저„리 '스 „날

---

06 어디로 가고 싶니?

Nǐ xiǎng qù nǎr

你想去哪儿?

„니 „샹 '취„날

신체&외모에 관한 표현

QR코드 음원

대표 회화 알아두기

키가 얼마나 되죠?
Nǐ shēngāo duō shao
你身高多少?

저는 키가 약간 작습니다.
Wǒ de gèzi ǎile diǎn
我的个子矮了点。

괜찮아 보입니까?
Nǐ kàn hái xíng ma
你看还行吗?

무척 젊어 보이시네요.
Nǐ xiǎn de fēicháng niánqīng
你显得非常年轻。

신체에 대해 말할 때

01 키가 얼마나 되죠?

Nǐ shēngāo duō shao / Nǐ de gèzi yǒu duō gāo

你身高多少? / 你的个子有多高?

„니 "선"까오 "뛰사오 / „니더 '꺼즈 „요 "뛰"까오

02 저는 키가 약간 작습니다.

Wǒ de gèzi ǎile diǎn

我的个子矮了点。

„워더 '꺼즈 „아이러„뎬

03 키가 큰 편이군요.

Nǐ suànshì bǐjiào gāo de

你算是比较高的。

„니 '쏸'스 „비'쟈오 "까오더

04 체중이 얼마입니까?

Tǐzhòng shì duōshǎo

体重是多少?

„티'종 '스 "뚸„사오

05 최근에 체중이 좀 늘었어요.

Zuìjìn tǐzhòng yòu zhǎng le

最近体重又长了。

'쮀이'진 „티'종 '요 „장러

06 그는 왼손잡이입니다.

Tā shì ge zuǒ piě zi

他是个左撇子。

"타 '스거 „줘„폐즈

외모에 대해 말할 때

01 오늘은 멋져 보이시는군요.

Jīntiān kàn qǐ lái hěn shuài ma

今天看起来很帅嘛。

"진"텐 '칸„치,라이 „헌 '솨이마

02 아름다우시군요.

Nín zhēn piào liang

您真漂亮。

,닌 "전 '퍄오량

03 건강해 보이십니다.

Kàn qǐ lái hěn jiànkāng

看起来很健康。

'칸 „치,라이 „헌 '젠"캉

04 무척 젊어 보이시네요.

Nǐ xiǎn de fēicháng niánqīng

你显得非常年轻。

„니 „셴더 "페이,창 ,녠"칭

05 저는 어머니를 닮았습니다.

Wǒ zhǎng de xiàng wǒ māma

我长得像我妈妈。

„워 „장더 '샹 „워"마마

06 머리 모양을 바꾸셨군요.

Huàn le fàxíng a

换了发型啊。

'환러 '파 ,싱아

복장에 대해 말할 때

01 괜찮아 보입니까?

Nǐ kàn hái xíng ma

你看还行吗?

„니 '칸 ,하이 ,싱마

02 그 옷이 당신한테 정말 잘 어울리는군요.

Nà yī fu gēn nǐ kě pèi le

那衣服跟你可配了。

'나 "이푸 "껀„니 „커 '페이러

03 저는 패션에 매우 민감해요.

Wǒ duì shíshàng hěn mǐngǎn ne

我对时尚很敏感呢。

„워 '뛔이 ,스'상 „헌 „민„간너

04 아주 멋쟁이시군요.

Nǐ zhēnshi tài xiāosǎ le

你真是太潇洒了。

„니 "전스 '타이 "샤오„싸러

05 당신은 패션에 안목이 있으십니다.

Nǐ hèn dǒng liúxíng shíshàng

你恨懂流行时尚。

„니 '헌 „동 ,료,싱 ,스'상

06 그걸 입으니 젊어 보입니다.

Chuān nà ge, xiǎn de nián qīng duō le

穿那个, 显得年轻多了。

"촨 '나거 „셴더 ,녠"칭"둬러

PART 3

화술표현

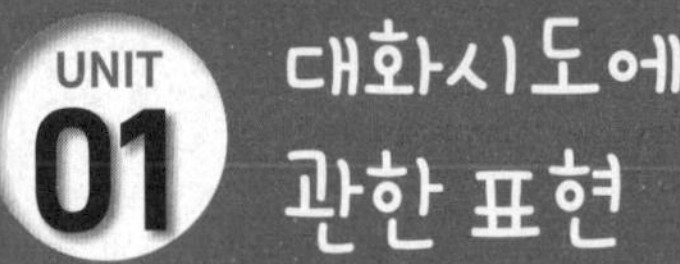

대표 회화 알아두기

잠깐 이야기를 나누고 싶은데요.

Xiǎng gēn nǐ liáo liáo, kěyǐ ma

想跟你聊聊，可以吗？

네, 잠시 이야기 하도록 하죠.

Hǎo, zhàn shí tán yí xià

好，暂时谈一下。

말씀 도중에 죄송합니다만….

Duì bu qǐ, dǎ duàn yí xià

对不起，打断一下。

무슨 말을 하고 싶으신 거죠?

Nǐ dàodǐ xiǎng shuō diǎn shénme

你到底想说点什么？

01 이야기 좀 할 수 있을까요?

Wǒ néng gēn nǐ tán tán ma
我能跟你谈谈吗?
„워 ,넝 "껀„니 ,탄,탄마

02 시간 좀 있으세요?

Qǐngwèn, nǐ yǒu shíjiān ma
请问, 你有时间吗?
„칭'원 „니 „요 ,스"졘마

03 드릴 말씀이 있는데요.

Wǒ yǒu huà gēn nǐ shuō
我有话跟你说。
„워 „요 '화 "껀„니 "숴

04 잠깐 이야기를 나누고 싶은데요.

Xiǎng gēn nǐ liáo liáo, kěyǐ ma
想跟你聊聊, 可以吗?
„샹 "껀„니 ,랴오,랴오 „커„이마

05 잠시만 이야기하면 됩니다.

Wǒ xiǎng gēn nǐ tán tán, zhǐ yào yí huìr jiù xíng
我想跟你谈谈, 只要一会儿就行。
„워 „샹 "껀„니 ,탄,탄 „즈'야오 ,이'훨 '죠 ,싱

06 네, 잠시 이야기 하도록 하죠.

Hǎo, zhàn shí tán yí xià
好, 暂时谈一下。
„하오 '짠 ,스 ,탄 ,이'샤

01 개인적으로 대화를 나누고 싶습니다.

Wǒ xiǎng gēn nín tán diǎn sīrén de shì
我想跟您谈点私人的事。
„워 „샹 "껀,닌 ,탄„뎬 "쓰,런더 '스

02 무슨 이야기를 하고 싶으세요?

Nín xiǎng tán shénme
您想谈什么?
,닌 „샹 ,탄 ,선머

03 사적인 것을 말씀드리고 싶습니다.

Guān yú wǒ gè rén de shì
关于我个人的事。
"관,위 „워 '거,런더 '스

04 제가 도와 드릴 게 있나요?

Yǒu shéme xūyào wǒ bāng máng de ma
有什么需要我帮忙的吗?
„요 ,선머 "쉬'야오 „워 "빵,망더마

05 나한테 뭔가 이야기하고 싶으세요?

Nǐ shì bu shì yǒu huà gēn wǒ shuō
你是不是有话跟我说?
„니 '스부'스 „요 '화 "껀 „워 "숴

06 김씨, 저와 이야기 좀 할 수 있을까요?

Lǎo jīn, wǒ néng gēn nǐ tán tán ma
老金, 我能跟你谈谈吗?
„라오"진 „워 ,넝 "껀„니 ,탄,탄마

대화 도중에 말을 걸 때

01 말씀 중에 잠깐 실례를 해도 될까요?

Jiǎnghuà túzhōng wǒ kěyǐ dǎ duàn nín yí xià ma

讲话途中我可以打断您一下吗?

„쟝'화 ,투''종 „워 „커„이 „따'돤 ,닌 ,이'샤마

---

02 잠시 이야기 좀 할 수 있을까요?

Duì bu qǐ, néng gēn nín tán tán ma

对不起, 能跟您谈谈吗?

'뒈이부„치 ,넝 ''껀,닌 ,탄,탄마

---

03 말씀 도중에 죄송합니다만….

Duì bu qǐ, dǎ duàn yí xià

对不起, 打断一下。

'뒈이부„치 „따'돤 ,이'샤

---

04 저에게 말씀하시는 겁니까?

Nín zhè shì gēn wǒ shuō ma

您这是跟我说吗?

,닌 '저'스 ''껀„워 ''숴마

---

05 말하는 도중이니까 끼어들지 마세요.

Rénjiā zhèng tánhuà ne, nǐ bié chāzuǐ

人家正谈话呢, 你别打插嘴。

,런''쟈 '정 ,탄'화너 „니 ,베 ''차„쮀이

---

06 무슨 말을 하고 싶으신 거죠?

Nǐ dàodǐ xiǎng shuō diǎn shénme

你到底想说点什么?

„니 '따오„디 „샹 ''숴„뎬 ,선머

UNIT 02 이해에 관한 표현

대표 회화 알아두기

제 말 뜻을 이해하시겠어요?
Nǐ lǐjiě wǒ shuō de yìsi ma
你理解我说的意思吗?

아, 무슨 말씀인지 알겠습니다.
À, wǒ míng bai shì shénme yìsi le
啊, 我明白是什么意思了。

그것을 이해하겠니, 왕평?
Nǐ néng lǐjiě nà ge ma, wáng píng
你能理解那个吗, 王平?

무슨 말인지 전혀 모르겠어요.
Quánrán bù zhīdào shì shénme yìsi
全然不知道是什么意思。

이해했는지 물어 볼 때

01 이해하시겠어요?

Nǐ néng lǐjiě ma
你能理解吗?
„니 ,넝 „리„졔마

02 그것을 이해하겠니, 왕평 ?

Nǐ néng lǐjiě nà ge ma, wáng píng
你能理解那个吗, 王平?
„니 ,넝 „리„졔 '나거마 ,왕,핑

03 제 말 뜻을 이해하시겠어요?

Nǐ lǐjiě wǒ shuō de yìsi ma
你理解我说的意思吗?
„니 „리„졔 „워 ''숴더 '이쓰마

04 제가 한 말을 알겠어요?

Nǐ míng bai wǒ shuō de huà ma
你明白我说的话吗?
„니 ,밍바이 „워 ''숴더 '화마

05 지금까지 제가 한 말을 이해하시겠어요?

Nǐ néng lǐjiě wǒ dào xiànzài shuō de huà ma
你能理解我到现在说的话吗?
„니 ,넝 „리„졔 „워 '따오 '셴'자이 ''숴더 '화마

06 무슨 뜻인지 이해하시겠어요?

Nǐ néng lǐjiě shì shénme yìsi ma
你能理解是什么意思吗?
„니 ,넝 „리„졔 '스 ,선머 '이쓰마

01 아, 무슨 말씀인지 알겠습니다.

À, wǒ míng bai shì shénme yìsi le
啊，我明白是什么意思了。
'아 „워 ,밍바이 '스 ,선머 '이쓰러

02 이해했어요.

Wǒ lǐjiě
我理解。
„워 „리„졔

03 아, 알겠습니다. / 아, 알겠어요.

Ó, míng bai le / Ō, wǒ míng bai
哦，明白了。/ 噢，我明白。
,오 ,밍바이러 / "오 „워 ,밍바이

04 이해가 되는군요.

Kěyǐ lǐjiě
可以理解。
„커„이 „리„졔

05 와, 그러니까 감이 잡히는군요.

Wā, zhè xià wǒ mō dào tóuxù le
哇，这下我摸到头绪了。
"와 '저'샤 „워 "모'다오 ,토'쉬러

06 당신의 입장을 이해합니다.

Wǒ lǐ jiě nǐ de lìchǎng
我理解你的立场。
„워 „리„졔 „니더 '리„창

01 이해가 안 됩니다.

Wǒ méi fǎ lǐjiě
我没法理解。
„워 ,메이„파 „리„제

02 당신 말씀을 이해할 수 없습니다.

Wǒ wúfǎ lǐjiě nǐ de huà
我无法理解你的话。
„워 ,우„파 „리„제 „니더'화

03 무슨 말인지 전혀 모르겠어요.

Quánrán bù zhīdào shì shénme yìsi
全然不知道是什么意思。
,취엔,란 '부"즈'다오 '스 ,선머 '이쓰

04 뭐라고요?

Nǐ shuō shénme
你说什么?
„니 "숴 ,선머

05 다시 말씀해 주시겠어요?

Nǐ néng zàishuō yí biàn ma
你能再说一遍吗?
„니 ,넝 '짜이 "숴 ,이'볜마

06 잘 못 알아들었습니다.

Tīng bu qīng chu le
听不清楚了。
"팅부 "칭추러

UNIT 03

맞장구&동의에 관한 표현

QR코드 음원

대표 회화 알아두기

동의합니까?
Tóngyì ma
同意吗?

당신에게 동의합니다.
Wǒ tóngyì nǐ de yìjiàn
我同意你的意见。

그 계획에 찬성할 수 없어요.
Wǒ wúfǎ zànchéng nà jìhuà
我无法赞成那计划。

그 점에 대해서는 저도 동감입니다.
Duì nà diǎn, wǒ yě yǒu tónggǎn
对那点，我也有同感。

01 그래요?

Shì ma
是吗?
'스마

02 예, 그렇고말고요.

Shì a, jiù shì a
是啊，就是啊。
'스아 '죠 '스아

03 바로 그겁니다.

Jiù shì tā
就是它。
'죠 '스 ''타

04 그거 좋군요.

Nà hǎo wa
那好哇。
'나 „하오와

05 아, 그러셨어요?

À, yuánlái shì nà yàng
啊，原来是那样。
'아 ,위엔,라이 '스 '나'양

06 아, 그러니까 생각이 나는군요.

À, nǐ zhème shuō cái xiǎng qǐlái
啊，你这么说才想起来。
'아 „니 '저머 ''숴 ,차이 „샹„치,라이

찬성할 때

01 동의합니까?

Tóngyì ma

同意吗?

,통'이마

02 당신에게 동의합니다.

Wǒ tóngyì nǐ de yìjiàn

我同意你的意见。

„워 ,통'이 „니더 '이'젠

03 그 계획에 찬성합니다.

Wǒ zàntóng nà jìhuà

我赞同那计划。

„워 '짠,통 '나 '지'화

04 지당하신 말씀입니다.

Nín shuō de hěn zhòngkěn

您说得很中肯。

,닌 "쉬더 „헌 '종„컨

05 그 점에 대해서는 저도 동감입니다.

Duì nà diǎn, wǒ yě yǒu tónggǎn

对那点, 我也有同感。

'뒈이'나„뎬 „워 „예 „요 ,통„간

06 알았어요. 당신 말이 맞습니다.

Zhī dào le, nǐ shuō de duì

知道了, 你说得对。

"즈'다오러 „니 "쉬더 '뒈이

07 이의가 없습니다.

Wǒ méi yǒu yìyì
我没有异议。
„워 ,메이„요 '이'이

08 유감스럽지만, 찬성합니다.

Suīrán yǒuxiē yíhàn, dàn wǒ zànchéng
虽然有些遗憾，但我赞成。
"쉐이,란 „요"셰 ,이'한 '딴 „워 '짠,청

09 당신 말씀에 전적으로 동의합니다.

Wǒ wánquán tóngyì nǐ de huà
我完全同意你的话。
„워 ,완,취엔 ,통'이 „니더 '화

10 확실합니다.

Quèshí rúcǐ
确实如此。
'취에,스 ,루„츠

11 당신의 모든 의견에 찬성입니다.

Wǒ zàntóng nǐ de yí qiè yìjiàn
我赞同你的一切意见。
„워 '짠,통 „니더 ,이'체 '이'젠

12 의심할 여지가 없습니다.

Méi yǒu sīháo huáiyí de yúdì
没有丝毫怀疑的余地。
,메이„요 "쓰,하오 ,화이,이더 ,위'디

반대 할 때

01 저는 그렇게 생각하지 않아요.

Wǒ bú nàme rènwéi

我不那么认为。

„워 ,부'나머 '런,웨이

02 저는 그렇게 믿지 않아요.

Wǒ bù xiāngxìn huì shì nà yàng

我不相信会是那样。

„워 '부''샹'신 '훼이 '스 '나'양

03 그 계획에 찬성할 수 없어요.

Wǒ wúfǎ zànchéng nà jìhuà

我无法赞成那计划。

„워 ,우„파 '짠,청 '나 '지'화

04 그것에 반대합니다.

Wǒ fǎnduì

我反对。

„워 „판'뒈이

05 유감스럽지만 당신에게 동의할 수 없습니다.

Hěn yíhàn, wǒ bùnéng tóngyì nǐ de kànfǎ

很遗憾，我不能同意你的看法。

„헌 ,이'한 „워 '부,넝 ,통'이 „니더 '칸„파

06 당신이 틀린 것 같아요.

Wǒ xiǎng nǐ bú duì

我想你不对。

„워 „샹 „니 ,부'뒈이

07 그건 옳지 않는 것 같군요.

Nà hǎo xiàng bú duì
那好象不对。
'나 „하오'샹 ,부'뒈이

---

08 그렇게 하고 싶지만 안 되겠어요.

Wǒ dǎo shi xiǎng nàme zuò, kě bù xíng a
我倒是想那么做，可不行啊。
„워 '따오스 „샹 '나머'쭤 „커 '부,싱아

---

09 저라면 그렇게 말하지 않겠어요.

Yàoshi wǒ, bú huì nàme shuō de
要是我，不会那么说的。
'야오스 „워 ,부'훼이 '나머 "숴더

---

10 그건 절대 반대입니다.

Wǒ jiānjué fǎnduì
我坚决反对。
„워 "젠,쥐에 „판'뒈이

---

11 저는 그렇게 할 수 없습니다.

Wǒ bù néng nàme zuò
我不能那么做。
„워 '부,넝 '나머 '쭤

---

12 그건 말도 안되는 소리예요.

Zhè jiǎnzhí bú xiàng huà
这简直不像话。
'저 „젠,즈 ,부'샹'화

대화진행에 관한 표현

QR코드 음원

대표 회화 알아두기

할 말이 있으면 하세요.
Nín yǒu huà jiù shuō ba
您有话就说吧。

글쎄, 제 말은….
A, wǒ de yìsi shì
啊，我的意思是…。

뭔가 다른 이야기를 합시다.
Zánmen tán diǎn bié de ba
咱们谈点别的吧。

생각 좀 해보고요.
Ràng wǒ xiǎng yi xiǎng
让我想一想。

말을 재촉할 때

01 빨리 말씀하세요.

Nín kuài jiǎng
您快讲。
,닌 '콰이 „쟝

02 제발 말해 주세요.

Qiú qiú nín, gào su wǒ
求求您，告诉我。
,쵸,쵸,닌 '까오쑤 „워

03 할 말이 있으면 하세요.

Nín yǒu huà jiù shuō ba
您有话就说吧。
,닌 „요 '화 '죠 "쉬바

04 이유를 말해 보세요.

Qǐng shuōmíng yí xià lǐyóu
请说明一下理由。
„칭 "쉬,밍 ,이'샤 „리,요

05 누가 그랬는지 말해 보세요.

Nǐ shuō shuō shì shuí gàn de
你说说是谁干的。
„니 "쉬"쉬 '스 ,세이 '깐더

06 그래서 당신은 뭐라고 했습니까?

Nà yàng nǐ shuō shénme le
那样你说什么了?
'나'양 „니 "쉬 ,선머러

화제를 바꿀 때

01 **화제를 바꿉시다.**

Huàn ge huàtí ba
换个话题吧。
'환거 '화,티바

---

02 **뭔가 다른 이야기를 합시다.**

Zánmen tán diǎn bié de ba
咱们谈点别的吧。
,짠먼 ,탄„뎬 ,볘더바

---

03 **화제를 바꾸지 마세요.**

Bú yào zhuǎnyí huàtí
不要转移话题。
,부'야오 „좐,이 '화,티

---

04 **그런데.**

Kěshì
可是…。
„커'스

---

05 **그건 다른 이야기잖아요.**

Nǐ shuō de shì lìngwài yì huí shì a
你说的是另外一回事啊。
„니 "숴더 '스 '링'와이 '이,훼이 '스아

---

06 **제가 한 말을 취소하겠습니다.**

Wǒ bú suàn gāngcái shuō de huà
我不算刚才说的话。
„워 ,부'쏸 "깡,차이 "숴더 '화

01 음 (뭐랄까?)

Ń, zhè ge
嗯，这个…。
,은 '저거

02 글쎄, 제 말은….

A, wǒ de yìsi shì
啊，我的意思是…。
아 „워더 '이쓰 '스

03 그걸 어떻게 말해야 될까요?

Gāi zěnme shuō ne
该怎么说呢…。
"까이 „쩐머 "쉬너

04 있잖아요,

Wǒ shuō a
我说啊…。
„워 "쉬아

05 생각 좀 해보고요.

Ràng wǒ xiǎng yi xiǎng
让我想一想。
'랑„워 „샹이 „샹

06 말하자면,

Yào shuō ma
要说嘛…。
'야오 "쉬마

격하게 중국어로 토킹하기

PART 4

감정표현

기쁨&즐거움에 관한 표현

대표 회화 알아두기

무척 기뻐요!

Wǒ tài gāoxìng le

我太高兴了!

네가 잘돼서 나도 기뻐!

Nǐ yǒu chū xi wǒ yě gāoxìng

你有出息我也高兴。

뭐가 그리 기쁘세요, 미스터 김?

Shénme shì nàme gāoxìng, jīn xiān sheng

什么事那么高兴，金先生?

제 아들이 성공해서 무척 기뻐요.

Wǒ ér zi chū xi le, wǒ zhēn de hǎo gāo xìng

我儿子出息了，我真的好高兴。

기쁘거나 즐거울 때

01 **무척 기뻐요!**

Wǒ tài gāoxìng le
我太高兴了! / 我很高兴!
„워 '타이 "까오'싱러

Wǒ hěn gāoxìng
„워 „헌 "까오'싱

02 **기분 끝내주는군!**

Xīnqíng chāo hǎo
心情超好!
"신,칭 "차오 „하오

03 **정말 기분이 좋군!**

Zhēnshi tài gāoxìng le
真是太高兴了!
"전스 '타이 "까오'싱러

04 **제 생애에 이보다 더 기쁜 적이 없었어요.**

Wǒ zhè bèizi zài méi yǒu bǐ xiànzài gèng gāoxìng de le
我这辈子再没有比现在更高兴的了。
„워 '저 '베이즈 '짜이 ,메이„요 „비 '셴'자이 '껑 "까오'싱더러

05 **좋아서 미치겠어요.**

Jiǎnzhí lè fēng le
简直乐疯了!
„젠,즈 '러"펑러

06 **콧노래라도 부르고 싶은 기분입니다.**

Gāoxìng de zhí xiǎng hēng hēng
高兴得直想哼哼。
"까오'싱더 ,즈„샹 "헝"헝

07 뭐가 그리 기쁘세요, 미스터 김?

Shénme shì nàme gāoxìng, jīn xiān sheng
什么事那么高兴，金先生?
,선머 '스 '나머 "까오'싱 "진"셴성

08 제 아들이 성공해서 무척 기뻐요.

Wǒ ér zi chū xi le, wǒ zhēn de hǎo gāo xìng
我儿子出息了，我真的好高兴。
„워 ,알즈 "추시러 „워 "전더 „하오 "까오'싱

09 난 정말로 만족스러워.

Wǒ zhēnshi tài mǎnyì le
我真是太满意了!
„워 "전스 '타이 „만'이러

10 마음이 아주 편안해요.

Xīnqíng hǎo píngjìng a
心情好平静啊。
"신,칭 „하오 ,핑'징아

11 난 정말 그것에 흡족해.

Wǒ wèi zhè ge gǎndào xīnmǎnyìzú
我为这个感到心满意足。
„워 '웨이'저거 „간'다오 "신„만 '이,쭈

12 더 이상 기쁠 수 없을 거야.

Zài méi yǒu bǐ zhè gèng gāoxìng de shì le
再没有比这更高兴的事了!
'짜이 ,메이„요 „비 '저 '껑 "까오'싱더 '스러

기쁜 소식을 들었을 때

01 **그 소식을 들으니 정말 기쁩니다.**

Tīng dào nà xiāo xi zhēn gāoxìng

听到那消息真高兴。

"팅'다오 '나 "샤오시 "전 "까오'싱

02 **대단한 소식이야!**

Zhè xiāo xi tài bàng le

这消息太棒了!

'저 "샤오시 '타이 '빵러

03 **저도 기쁩니다.**

Wǒ yě hěn gāoxìng

我也很高兴。

„워 „예 „헌 "까오'싱

04 **네가 잘돼서 나도 기뻐!**

Nǐ yǒu chū xi wǒ yě gāoxìng

你有出息我也高兴。

„니 „요 "추시 „워 „예 "까오'싱

05 **듣던 중 반가운데요.**

Hǎo jiǔ cái pàn lái hǎo xiāoxī

好久才盼来好消息。

„하오„죠 ,차이 '판,라이 „하오 "샤오"시

06 **그는 기뻐서 어쩔 줄 몰랐어요.**

Tā gāoxìng de bù zhī rúhé shì hǎo

他高兴得不知如何是好。

"타 "까오'싱더 '부"즈 ,루,허 '스 „하오

칭찬&감탄에 관한 표현

대표 회화 알아두기

당신은 능력이 대단하시군요.
Nín zhēn yǒu nénglì ya
您真有能力呀。

과찬의 말씀입니다.
Nín guò jiǎng le
您过奖了。

나는 당신이 자랑스럽습니다.
Wǒ wèi nǐ jiāo ào
我为你骄傲。

그렇게 말씀해 주시니 고맙습니다.
Nín zhème shuō, zhēnshi tài xiè xie le
您这么说，真是太谢谢了。

성과를 칭찬할 때

01 대단하군요!

Zhēn liǎo bu qǐ

真了不起!

"전 „랴오부„치

02 정말 훌륭하군요!

Zhēnshi tài hǎo le

真是太好了。

"전스 '타이 „하오러

03 이 프로젝트 정말 훌륭하군요. 잘 했어요.

Zhè xiàngmù zhēnshi tài chūsè le, nǐ gàn de hǎo

这项目真是太出色了, 你干得好。

'저 '샹'무 "전스 '타이 "추'써러 „니 '깐더 „하오

04 나는 당신이 자랑스럽습니다.

Wǒ wèi nǐ jiāo ào

我为你骄傲。

„워 '웨이„니 "쟈오'아오

05 그렇게 훌륭하게 해내리라고는 미처 생각 못했어요.

Wǒ méi xiǎng dào nǐ huì gàn de zhème chūsè

我没想到你会干得这么出色。

„워 ,메이 „샹'다오 „니 '훼이 '깐더 '저머 "추'써

06 그녀는 손재주가 좋아요.

Tā shǒu hěn qiǎo

她手很巧。

"타 „소 „헌 „챠오

외모를 칭찬할 때

01 멋있군요.

Zhēn shuài
真帅。
''전 '솨이

02 옷을 입으신 것을 보니 취미가 고상하시군요.

Kàn nǐ de yīzhuó, zhēn yǒu pǐnwèi a
看你的衣着，真有品味啊！
'칸 „니더 ''이,줘 ''전 „요 „핀'웨이아

03 실제 나이보다 더 젊어 보이시는군요.

Nǐ bǐ shíjì niánlíng xiǎn de niánqīng duō le
你比实际年龄显得年轻多了。
„니 „비 ,스'지 ,녠,링 „셴더 ,녠''칭 ''둬러

04 당신은 눈이 참 예쁘군요.

Nǐ de yǎn jing hǎo piàoliang a
你的眼睛好漂亮啊。
„니더 „옌징 „하오 '퍄오량아

05 이 사진에 아주 잘 나왔네요.

Zhè zhàopiàn, nǐ zhào de zhēn bú cuò
这照片，你照得真不错。
'저 '자오'폔 „니 '자오더 ''전 ,부'춰

06 건강해 보이시는군요.

Kàn qǐlái hěn jiànkāng
看起来很健康。
'칸„치,라이 „헌 '졘''캉

07 어떻게 그렇게 건강하십니까?

Nǐ shēntǐ zěnme nàme hǎo

你身体怎么那么好?

„니 "선„티 „쩐머 '나머 „하오

08 어쩜 그렇게 날씬하세요?

Nǐ zěnme nàme miáotiáo

你怎么那么苗条?

„니 „쩐머 '나머 ,먀오,탸오

09 새 셔츠를 입으니 보기가 좋군요.

Chuān shàng xīn chènshān zhēn shuài ya

穿上新衬衫真帅呀。

"촨'상 "신 '천"산 "전 '솨이야

10 그것은 정말 당신한테 잘 어울립니다.

Nà ge zhēn de gēn nǐ hěn pèi

那个真的跟你很配。

'나거 "전더 "껀„니 „헌 '페이

11 얼굴이 작아서 키가 커보여요.

Yīn wèi liǎn xiǎo, suǒ yǐ gè zi xiǎn de bǐ jiào gāo

因为脸小, 所以个字显得比较高。

"인'웨이 „롄 „샤오 „쒀 „이 '꺼즈 „센더 „비'자오 "까오

12 키에 비해서 다리가 길군요.

Nǐ de tuǐ hǎo cháng a

你的腿好长啊。

„니더 „퉤이 „하오 ,창아

능력과 재주를 칭찬할 때

01 기억력이 참 좋으시군요.

Nǐ de jìxìng kě zhēn hǎo

你的记性可真好。

„니더 '지'싱 „커 "전 „하오

---

02 당신은 능력이 대단하시군요.

Nín zhēn yǒu nénglì ya

您真有能力呀。

,닌 "전 „요 ,넝'리야

---

03 어떻게 그렇게 영어를 잘하십니까?

Nǐ de yīngyǔ zěnme néng shuō de nàme hǎo

你的英语怎么能说得那么好?

„니더 "잉„위 „쩐머 ,넝 "숴더 '나머 „하오

---

04 중국어를 유창하게 말하시는군요.

Zhōngwén shuō de zhēn liúlì a

中文说得真流利啊。

"종,원 "숴더 "전 ,료'리아

---

05 그는 수학에 능해요.

Tā shùxué kě hǎo le

他数学可好了。

"타 '수,쉬에 „커 „하오러

---

06 패션에 대한 안목이 있으시군요.

Nǐ hěn dǒng liúxíng shíshàng a

你恨懂流行时尚啊!

„니 „헌 „동 ,료,싱 ,스'상아

07 그는 현명한 (똑똑한) 사람이에요.

Tā shì ge míngzhì de rén

他是个明智的人。

"타 '스거 ,밍'즈더 ,런

---

08 그는 재치가 있어요.

Tā zhè rén kě qiǎo le

他这人可巧了。

"타 '저,런 „커 „챠오러

---

09 그는 정말 수영을 잘하네요.

Tā yóuyǒng yóu de kě zhēn bàng

他游泳游得可真棒。

"타 ,요„용 ,요더 „커 "전 '빵

---

10 당신은 정말 모르는 게 없군요.

Nǐ zhēnshi wú suǒ bù zhī a

你真是无所不知啊。

„니 "전스 ,우„쒀 '부"즈아

---

11 당신 같은 강한 의지력 좀 있었으면 해요.

Zhēn xīwàng yǒu nǐ zhème jiānqiáng de yìzhì

真希望有你这么坚强的意志。

"전 "시'왕 „요 „니 '저머 "젠,챵더 '이'즈

---

12 계획에 충실한 당신이 존경스럽습니다.

Nín yángé zhíxíng jìhuà, zhēn lìng rén zūnjìng

您严格执行计划，真令人尊敬。

,닌 ,옌,거 ,즈,싱 '지'화 "전 '링,런 "쭌'징

칭찬에 대한 응답을 할 때

01 칭찬해 주시니 고맙습니다.

Xiè xie nín de kuājiǎng
谢谢您的夸奖。
'셰셰 ,닌더 "콰„쟝

02 과찬의 말씀입니다.

Nín guò jiǎng le
您过奖了。
,닌 '궈„쟝러

03 비행기 태우지 마세요.

Bié gěi wǒ dài gāo mào zi le
别给我戴高帽子了!
,볘 „게이„워 '따이 "까오'마오즈러

04 그렇게 말씀해 주시니 고맙습니다.

Nín zhème shuō, zhēnshi tài xiè xie le
您这么说，真是太谢谢了。
„닌 '저머 "숴 "전스 '타이 '셰셰러

05 과찬이십니다.

Guò jiǎng le
过奖了。
'궈„쟝러

06 저의 성공은 아버지 덕분이죠.

Wǒ de chéng gōng quán kào fùqīn
我的成功全靠父亲。
„워더 ,청"공 ,취엔 '카오 '푸"친

01 멋지네요!

Tài zhuàng guān le
太壮观了!
'타이 '좡 "관러

02 훌륭합니다.

Tài hǎo le
太好了!
'타이 „하오러

03 와, 정말 아름답네요!

Wā, zhēn shi tài měi le
哇, 真是太美了!
"와 "전스 '타이 „메이러

04 맛있네요!

Tài hǎo chī le
太好吃了!
'타이 „하오 "츠러

05 잘했어요!

Gàn de hǎo
干得好!
'깐더 „하오

06 재미있네요!

Tài yǒu yìsi le
太有意思了!
'타이 „요 '이쓰러

근심&걱정&슬픔에 관한 표현

QR코드 음원

대표 회화 알아두기

절망적인 기분이야.
xīnqíng juéwàng jí le
心情绝望极了。

무슨 일이 잘못됐니?
Chū le shénme wèntí ma
出了什么问题吗?

저는 비참해요.
Wǒ tài cǎn le
我太惨了。

모두 잘 될거예요.
Yì qiē dōu huì hǎo de
一切都会好的。

01 무슨 일이야?

Shénme shì a

什么事啊?

,선머 '스아

02 뭘 그리 초조해하고 있니?

Shénme shì ràng nǐ nàme xīnjiāo

什么事让你那么心焦?

,선머 '스 '랑„니 '나머 "신"쟈오

03 뭣 때문에 괴로워하고 있는 거야?

Shénme shì ràng nǐ zhème nánguò

什么事让你这么难过?

,선머 '스 '랑„니 '저머 ,난'궈

04 요즘 기분이 좋지 않아요.

Zhè jǐ tiān xīnqíng bù hǎo

这几天心情不好。

'저 „지"톈 "신,칭 '부„하오

05 우울해 보이네요.

Kànzhe tǐng yōuyù de

看着挺忧郁的。

'칸저 „팅 "요'위더

06 걱정되는 일이라도 있으세요?

Nǐ yǒu shéme yōuxīn shì ma

你有什么忧心事吗?

„니 „요 ,선머 "요"신'스마

07 집에 무슨 일 있으세요?

Jiā lǐ yǒu shéme shì ma
家里有什么事吗?
"쟈„리 „요 ,선머 '스마

08 그녀가 안 오면 어떡하죠?

Tā yàoshi bù lái kě zěnme bàn
她要是不来可怎么办?
"타 '야오스 '부,라이 „커 „쩐머'빤

09 안색이 형편없군요.

Nǐ de liǎn sè hěn bù hǎo a
你的脸色很不好啊。
„니더 „롄'써 „헌 '부„하오아

10 엎치락뒤치락하다 한 잠도 못 잤습니다.

Yèlǐ fānláifùqù de méi shuì zháo
夜里翻来覆去的没睡着。
'예„리 "판,라이 '푸'취더 ,메이 '쉐이 ,자오

11 절망적인 기분이야.

xīnqíng juéwàng jí le
心情绝望极了。
"신 ,칭 ,쥐에'왕 ,지러

12 무슨 일이 잘못됐니?

Chū le shénme wèntí ma
出了什么问题吗?
"추러 ,선머 '원,티마

01 걱정하지 마세요.

Nín bú yào dānxīn
您不要担心。
,닌 ,부'야오 ''딴''신

02 좋아질 거예요.

Huì hǎo qǐ lái de
会好起来的。
'훼이 „하오 „치,라이더

03 긍정적으로 생각하세요.

Wǎng hǎo de fāngmiàn xiǎng ba
往好的方面想吧。
„왕 „하오더 ''팡'몐 „샹바

04 자, 힘을 내. 너는 할 수 있어.

Lái, jiā bǎ jìn, nǐ huì zuò dào de
来，加把劲，你会做到的！
,라이 ''쟈„바'진 „니 '훼이 '쭤'다오더

05 그런 사소한 일로 상심하지 마세요.

Bié wèi nà diǎn jīmáo suànpí de shì shāngxīn
别为那点鸡毛蒜皮的事伤心。
,볘 '웨이 '나„뎬 ''지,마오 '쏸,피더 '스 ''상''신

06 시간이 해결해 줄 거예요.

Shí jiān huì jiě jué de
时间会解决的。
,스''젠 '훼이 „졔 ,쥐에 더

01 울고 싶어.

Zhēn xiǎng kū
真想哭。
"전 „샹 "쿠

02 저는 비참해요.

Wǒ tài cǎn le
我太惨了。
„워 '타이 „찬러

03 아무것도 하고 싶은 생각이 없어요.

Wǒ shénme dōu bù xiǎng zuò
我什么都不想做。
„워 ,선머 "도 '부„샹'쭤

04 그는 그 슬픈 소식을 듣고도 태연했어요.

Tā tīng dào nà bēi shāng de xiāo xi yě bù wéi suǒ dòng
他听到那悲伤的消息也不为所动。
"타 "팅'다오 '나 "베이"상더 "샤오시 „예 '부,웨이 „쒀'동

05 저는 지금 절망적인 상태예요.

Wǒ xiànzài jiǎnzhí shì juéwàng jí le
我现在简直是绝望极了。
„워 '셴'자이 „졘,즈 '스 ,쥐에'왕 ,지러

06 세상이 꼭 끝나는 것 같아.

Jiù xiàng dào le shìjiè mòrì
就像到了世界末日。
'죠 '샹 '따오러 '스'졔 '모'르

슬픔을 위로할 때

01 기운 내.

Dǎ qǐ jīngshén
打起精神!
„따„치 "징,선

02 모두 잘 될거예요.

Yì qiē dōu huì hǎo de
一切都会好的。
'이"체 "도 '훼이 „하오 더

03 내가 당신 옆에서 돌봐 줄게요.

Wǒ huì zài nǐ shēnbiān zhào gu nǐ de
我会在你身边照顾你的。
„워 '훼이 '짜이 „니 "선"볜 '자오구 „니더

04 잠을 자고 슬픔을 잊어버리세요.

Hǎo hǎo shuì yí jiào, wàngdiào bēitòng ba
好好睡一觉，忘掉悲痛吧。
„하오"하오 '쉐이 ,이'쟈오 '왕'댜오 "베이'통바

05 더 이상 슬프지 않을 거예요.

Bú huì zài gǎndào bēishāng de
不会再感到悲伤的。
,부'훼이 '짜이 „간'다오 "베이"상더

06 부친께서 돌아가셨다니, 참 안 됐습니다.

Tīng shuō lìngzūn qùshì le, qǐng jié āi shùnbiàn
听说令尊去世了，请节哀顺变。
"팅"숴 '링"쭌 '취'스러 „칭 ,졔"아이 '순'볜

놀라움&두려움&긴장에 관한 표현

QR코드 음원

대표 회화 알아두기

그 생각만 하면 무서워요.
Xiǎng qǐlái jiù hàipà
想起来就害怕。

정말 충격이야.
Zhēn shi tài cì jī le
真是太受刺激了。

왜 손톱을 물어뜯고 있니?
Nǐ gàn ma yǎo zhǐ jia
你干嘛咬指甲?

나는 마음이 조마조마해.
Wǒ xīnlǐ tǎn tè bù ān ne
我心里忐忑不安呢。

01 저런, 세상에!

Āi yō wǒ de tiān a
哎哟我的天啊!
"아이"요 „워더 "톈아

02 하느님 맙소사!

Tiān a
天啊!
"톈아

03 오, 안 돼!

Ō, bù xíng
噢, 不行!
"오 '부,싱

04 아이 깜짝이야!

Yō, xià sǐ le
唷, 吓死了!
"요 '샤„쓰러

05 굉장한데!

Tài zhuàng guān le
太壮观了!
'타이 '좡"관러

06 정말 충격이야.

Zhēn shi tài cì jī le
真是太刺激了。
"전스 '타이'츠 "지러

무서울 때

01 무서워요.

Wǒ hàipà
我害怕。
„워 '하이'파

02 나는 겁에 잔뜩 질렸다.

Wǒ jiǎnzhí bèi xià huài le
我简直被吓坏了。
„워 „젠,즈 '베이 '샤 '화이러

03 간 떨어질 뻔 했어요.

Wǒ chà diǎn bèi xià pò dǎn
我差点被吓破胆。
„워 '차„뎬 '베이 '샤 '포„단

04 난 거기에 가기가 두려워.

Wǒ bù gǎn qù nà dì fang
我不敢去那地方。
„워 '부„간 '취 '나 '디팡

05 그 생각만 하면 무서워요.

Xiǎng qǐlái jiù hàipà
想起来就害怕。
„샹„치,라이 '죠 '하이'파

06 그것 때문에 소름이 끼쳤어요.

Yīnwèi nà ge, húnshēn qǐ jīpí gē da
因为那个，浑身起鸡皮疙瘩。
"인'웨이 '나거 ,훈"선 „치 "지,피 "거다

01 난 지금 좀 긴장돼.

Wǒ xiànzài yǒu diǎn jǐnzhāng

我现在有点紧张。

„워 '셴'자이 „요„뎬 „진"장

02 왜 손톱을 물어뜯고 있니?

Nǐ gàn ma yǎo zhǐ jia

你干嘛咬指甲?

„니 '깐마 „야오 „즈쟈

03 나는 마음이 조마조마해.

Wǒ xīnlǐ tǎn tè bù ān ne

我心里忐忑不安呢。

„워 "신„리 „탄'터 '부"안너

04 난 너무 걱정이 돼서 안절부절 못하겠어.

Wǒ dān xīn de zuò lì bù ān ne

我担心得坐立不安呢。

„워 "딴"신더 '쭤'리 '부"안너

05 너무 불안하다.

Tài ràng rén bù ān le

太让人不安了。

'타이 '랑,런 '부"안러

06 너무 긴장해서 손이 땀으로 흠뻑 젖었다.

Jǐnzhāng de shuāngshǒu niē chū hàn lái

紧张得双手捏出汗来。

„진"장더 "솽„소 "녜 "추'한,라이

불평&불만&노여움에 관한 표현

QR코드 음원

대표 회화 알아두기

정말 스트레스 쌓이는군!

Yālì dà de zhēn ràng rén shòu bù liǎo

压力大得真让人受不了。

당신 또 불평이군요.

Nǐ zhè rén yòu fā láo sāo le

你这人又发牢骚了。

당신은 참 짜증나게 하는군요.

Nǐ zhè rén zhēn fán rén

你这人真烦人。

너무 그러지 마.

Bú yào tài guòfèn

不要太过分。

짜증날 때

01 하는 일에 싫증나지 않으세요?

Nǐ bú yànjuàn nǐ zuò de gōngzuò ma

你不厌倦你做的工作吗?

„니 ,부 '옌'쥐엔 „니 '쭤더 "꽁'쭤마

---

02 네, 이젠 진절머리가 나요.

Shì a,　　yǐjīng yànjuàn de bù de liǎo

是啊, 已经厌倦得不得了。

'스아　　„이"징 '옌'쥐엔더 '부„랴오

---

03 진짜 지겹다, 지겨워.

Zhēnshi fán sǐ le,　　fán tòu le

真是烦死了, 烦透了。

"전스 ,판„쓰러　　,판'토러

---

04 그는 매우 짜증나게 해.

Tā kě ràng rén tǎo yàn le

他可让人讨厌了。

"타 „커 '랑,런 „타오'옌러

---

05 이런 생활에는 이제 넌더리가 나요.

Zhè zhǒng rìzi wǒ zǎo nì le

这种日子我早腻了。

'저„종 '르쯔 „워 „짜오 '니러

---

06 정말 스트레스 쌓이는군!

Yālì dà de zhēn ràng rén shòu bù liǎo

压力大得真让人受不了。

"야'리 '따더 "전 '랑,런 '소'부„랴오

귀찮거나 불평을 할 때

01 아, 귀찮아.

Hāi, zhēn tǎoyàn
咳，真讨厌。
"하이 "전 „타오'옌

02 당신은 참 짜증나게 하는군요.

Nǐ zhè rén zhēn fán rén
你这人真烦人。
„니 '저,런 "전 ,판,런

03 또 시작이군.

Yòu lái le
又来了。
'요 ,라이러

04 저로서는 불만입니다.

Wǒ gǎndào hěn bù mǎnyì
我感到很不满意。
„워 „간'다오 „헌 '부„만'이

05 왜 그게 제 탓이죠?

Zhè shì píng shénme guài wǒ
这事凭什么怪我?
'저 '스 ,핑 ,선머 '꽈이 „워

06 당신 또 불평이군요.

Nǐ zhè rén yòu fā láo sāo le
你这人又发牢骚了。
„니 '저,런 '요 "파 ,라오"싸오러

불평하지 말라고 할 때

01 너무 투덜거리지 마!

Nǐ bú yào dū dū nāng nang de

你不要嘟嘟囔囔的。

„니 ,부'야오 "두"두 "낭낭더

---

02 너무 그러지 마.

Bú yào tài guòfèn

不要太过分。

,부'야오 '타이 '궈'펀

---

03 불평 불만 좀 그만 해.

Nǐ shǎo fā diǎn láosāo hǎobu hǎo

你少发点牢骚好不好?

„니 „사오 "파„뎬 ,라오"싸오 „하오부„하오

---

04 이제 그만 좀 불평해.

Bú yào zài fā láo sāo le

不要再发牢骚了。

,부'야오 '짜이 "파 ,라오"싸오러

---

05 그만 좀 불평해.

Shǎo fā láo sāo

少发牢骚。

„사오 "파 ,라오"싸오

---

06 불평만 하고 있을거니?

Nǐ shì zài fā láo sāo ma

你是在发牢骚吗?

„니'스 '짜이 "파 ,라오 "싸오 마

01 참는 것도 한도가 있어요.

Rěnnài shì yǒu xiàndù de
忍耐是有限度的。
„런'나이 '스 „요 '셴'두더

02 정말 열 받는군!

Zhēn qì sǐ rén le
真气死人了!
"전 '치„쓰 ,런러

03 제 자신에게 화가 났어요.

Wǒ shēng wǒ zìjǐ de qì ne
我生我自己的气呢。
„워 "성 „워 '쯔„지더 '치너

04 알았어, 알겠다고.

Zhī dào, zhī dào le
知道, 知道了!
"즈'다오 "즈'다오러

05 정말 미쳐 버리겠네.

Zhēnshi qì sǐ wǒ le
真是气死我了!
"전스 '치„쓰 „워러

06 네가 그렇게 말하면 난 화가 나.

Nǐ zhème shuō wǒ jiù shēng qì le
你这么说我就生气了。
„니 '저머 "숴 „워 '죠 "성'치러

언행이 지나칠 때

01 그만 둬!

Suàn le ba
算了吧!
'쏸러바

02 제발 목소리를 낮추세요.

Āi yā, nǐ fàng dī diǎn sǎngmén xíng bu xíng
哎呀, 你放低点嗓门行不行?
"아이"야 „니 '팡 "디„뗸 „쌍,먼 ,싱부,싱

03 입 닥치고 잠자코 있어!

Nǐ gěi wǒ zhù zuǐ, lǎo shi dāi zhe qù
你给我住嘴, 老实呆着去!
„니 „게이„워 '주„쮀이 „라오스 "따이저 '취

04 무슨 소릴 하는 거야?

Nǐ shuō xiē shénme ya
你说些什么呀?
„니 "숴"셰 ,선머야

05 쓸데없는 소리하지 마세요.

Bié shuō nà xiē méi yòng de
别说那些没用的。
,볘 "숴 '나"셰 ,메이 '용더

06 그런 헛소리하지 마세요!

Nǐ bú yào húshuō bādào le
你不要胡说八道了!
„니 ,부'야오 ,후"숴 "빠'다오러

싸움&비난& 후회에 관한 표현

QR코드 음원

대표 회화 알아두기

왜 내 뒤에서 험담하고 다녀?

Nǐ wèi shéme zài bèihòu shuō wǒ de huàihuà
你为什么在背后说我的坏话?

진정하세요.

Lěngjìng yí xià
冷静一下。

왜 그렇게 했어요?

Nǐ wèi shéme zhème zuò
你为什么这么做?

일을 저질러 놓고 보니 후회가 막심해요.

Zhēn de chū le shì, kěshì hòuhuǐ mò jí a
真的出了事，可是后悔莫及啊。

01 이봐요! 목소리 좀 낮춰요.

Wǒ shuō, nǐ xiǎo shēng diǎn hǎo bu hǎo
我说，你小声点好不好?
„워 "숴 „니 „샤오"성 „뎬 „하오부 „하오

02 왜 내 뒤에서 험담하고 다녀?

Nǐ wèi shéme zài bèihòu shuō wǒ de huàihuà
你为什么在背后说我的坏话?
„니 '웨이,선머 '짜이 '베이'호 "숴 „워더 '화이'화

03 당신, 어떻게 그런 말을 할 수 있죠?

Nǐ, zěnme néng shuō zhè zhǒng huà
你，怎么能说这种话?
„니 „쩐머 ,넝 "숴 '저„종 '화

04 내가 도대체 너한테 뭘 잘못했다는 거야?

Wǒ jiū jìng duì nǐ zuò cuò le shénme
我究竟对你做错了什么?
„워 "죠'징 '뒈이„니 '쭤'춰러 ,선머

05 네가 완전히 망쳤어.

Nǐ suàn huǐ le wǒ le
你算毁了我了!
„니 '쏸 „훼이러 „워러

06 넌 더 이상 내 친구가 아냐.

Nǐ zài yě bú shì wǒ de péng you
你再也不是我的朋友。
„니 '짜이 „예 ,부'스 „워더 ,펑요

비난할 때

01 창피한 줄 아세요.

Nǐ bù xián diūliǎn ma
你不嫌丢脸吗?
„니 '부,셴 ''됴„롄마

02 당신 정신 나갔어요?

Nǐ zhè rén hūn le tóu le
你这人昏了头了?
„니 '저,런 ''훈러 ,토러

03 당신 미쳤군요.

Nǐ fēng le
你疯了。
„니 ''펑러

04 왜 그렇게 했어요?

Nǐ wèi shéme zhème zuò
你为什么这么做?
„니 '웨이,선머 '저머 '쭤

05 거봐! 내가 뭐라고 했어?

Nǐ kàn, wǒ shuō shénme lái zhe
你看, 我说什么来着?
„니 '칸 „워 ''숴 ,선머 ,라이저

06 그 사람 말을 믿다니 당신도 바보이군요.

Nǐ jìngrán xiāngxìn tā, nǐ yě shǎ dào jiā le
你竟然相信他, 你也傻到家了。
„니 '징,란 ''샹'신 ''타 „니 „예 „사 '다오''쟈러

01 흥분하지 마세요.

Nǐ bú yào jīdòng
你不要激动。
„니 ,부'야오 "지'동

02 이제 됐어요.

Zhè xià hǎo le
这下好了。
'저 '샤 „하오러

03 진정하세요.

Lěngjìng yí xià
冷静一下。
„렁'징 ,이'샤

04 두 사람 화해하세요.

Nǐmen liǎ hé hǎo ba
你们俩和好吧。
„니먼„랴 ,허„하오바

05 그 일은 잊어버리세요.

Jiù bǎ nà shì gěi wàng le ba
就把那事给忘了吧。
'죠 „바 '나'스 „게이 '왕러바

06 네가 동생에게 양보해라.

Nǐ jiù ràng yí xià dì di ma
你就让一下弟弟嘛。
„니 '죠 '랑,이'샤 '띠디마

01 그에게 사과했어야 하는 건데.

Wǒ yīnggāi xiàng tā dàoqiàn cái shì
我应该向他道歉才是。
„워 "잉"가이 '샹"타 '따오'첸 ,차이 '스

02 일을 저질러 놓고 보니 후회가 막심해요.

Zhēn de chū le shì, kěshì hòuhuǐ mò jí a
真的出了事，可是后悔莫及啊。
"전더 "추러 '스 „커'스 '호„훼이 '모,지아

03 언젠가는 후회할 겁니다.

Zǎowǎn huì hòuhuǐ de
早晚会后悔的。
„짜오„완 '훼이 '호„훼이더

04 나는 후회가 많이 남는다.

Wǒ xiànzài yǒu zhe xǔduō hèn huǐ
我现在有着许多恨悔。
„워 '셴'자이 „요저 „쉬"둬 '헌„훼이

05 이젠 너무 늦었어.

Xiànzài yǐjīng tài wǎn le
现在已经太晚了。
'셴'자이 „이"징 '타이 „완러

06 언젠가 너는 그것을 후회하게 될 거야.

Zhè shì nǐ zǎowǎn huì hòuhuǐ de
这事你早晚会后悔的！
'저 '스 „니 „짜오„완 '훼이 '호„훼이더

01 당신에게 그걸 보여주고 싶었는데요.

Zhēn yīnggāi gěi nǐ kàn kàn nà ge
真应该给你看看那个。
"전 "잉"가이 „게이„니 '칸'칸 '나거

02 정말 집이 그리워.

Wǒ zhēn xiǎng jiā
我真想家。
„워 "전 „샹 "쟈

03 그 사람이 실패하다니 정말 안됐군요.

Nà rén jìngrán shībài le, zhēnshi kěxī
那人竟然失败了, 真是可惜。
'나,런 '징,란 "스'바이러 "전스 „커"시

04 그건 피할 수도 있었는데.

Nà qíshí shì kěyǐ bìmiǎn de
那其实是可以避免的。
'나 ,치,스 '스 „커„이 '삐„몐더

05 영어공부를 좀 열심히 했더라면 좋았을 텐데.

Dāngchū zài yòngxīn xué yīngyǔ jiù hǎo le
当初再用心学英语就好了。
"당"추 '짜이 '용"신 ,쉬에 "잉„위 '죠 ,하오러

06 운이 없었을 뿐이야.

Bú guò shì shǎo le diǎn yùnqi
不过是少了点运气。
,부'궈 '스 „사오러„뎬 '윈치

PART 5

화제표현

UNIT 01

학교에 관한 표현

QR코드 음원

대표 회화 알아두기

전공이 무엇입니까?

Nǐ shì nǎ ge zhuānyè de

你是哪个专业的?

교육학을 전공하고 있습니다.

Wǒ zhuāngōng jiàoyù xué ne

我专攻教育学呢。

시험결과는 어떻게 되었나요?

Kǎoshì jiéguǒ zěnme yàng

考试结果怎么样?

영어시험에서 만점을 받았습니다.

Yīngyǔ kǎoshì dé le mǎnfēn ne

英语考试得了满分呢。

출신 학교와 전공을 물을 때

01 어느 학교에 다니십니까?

Qǐng wèn nǐ shàng nǎ ge xuéxiào

请问你上哪个学校?

„칭'원 „니 '상 „나거 ,쉬에'샤오

02 나는 북경 언어문화학원에서 공부하고 있습니다.

Wǒ zài běijīng yǔyán wénhuà xuéyuàn xuéxí ne

我在北京语言文化学院学习呢。

„워 '짜이 „베이"징 „위,옌 ,원'화 ,쉬에'위엔 ,쉬에,시너

03 몇 학년이세요?

Jǐ niánjí le

几年级了?

„지 ,녠,지러

04 대학교 4학년입니다.

Dà sì　　Dàxué sì niánjí

大四。/ 大学四年级。

'따'쓰　　'따,쉬에 '쓰,녠,지

05 전공이 무엇입니까?

Nǐ shì nǎ ge zhuānyè de

你是哪个专业的?

„니 '스 „나거 "좐'예더

06 교육학을 전공하고 있습니다.

Wǒ zhuāngōng jiàoyù xué ne

我专攻教育学呢。

„워 "좐"공 '쟈오'위,쉬에너

01 아르바이트를 하고 있나요?

Nǐ zài dǎgōng ma

你在打工吗?

„니 '짜이 „따''공마

02 아르바이트하는 학생들이 많아요.

Dǎgōng de xuéshēng tǐng duō de

打工的学生挺多的。

„따''공더 ,쉬에''성 „팅 ''둬더

03 이번 학기에는 몇 과목을 수강신청을 했습니까?

Zhège xúe qī nǐ xuǎnxiū le jǐ mén kè

这个学期你选修了几门课?

'저거 ,쉬에''치 „니 „쉬엔''쇼러 „지,먼'커

04 나는 결강하고 싶지 않습니다.

Wǒ bù xiǎng quē kè

我不想缺课。

„워 '부„샹 ''취에'커

05 저는 숫자 개념이 없는 것 같아요.

Wǒ hǎoxiàng méiyǒu shùzì gàiniàn

我好像没有数字概念。

„워 „하오'샹 ,메이„요 '수'쯔 '까이'녠

06 나는 장학금을 신청했습니다.

Wǒ shēnqǐng le jiǎngxuéjīn

我申请了奖学金。

„워 ''선„칭러 „쟝,쉬에''진

공부와 시험에 대해 말할 때

01 이제 공부를 좀 해야 할 것 같아요.

Wǒ gāi zuò gōngkè le

我该做功课了。

„워 "까이 '쭤"꽁'커러

02 시험이 임박했어요.

Yǎnkàn jiù yào kǎoshì le

眼看就要考试了。

„옌'칸 '쬬 '야오 „카오'스러

03 그는 매일 밤중까지 공부를 해요.

Tā měitiān dōu xuéxí dào bànyè

他每天都学习到半夜。

"타 „메이"톈 "도 ,쉬에,시 '따오 '빤'예

04 시험결과는 어떻게 되었나요?

Kǎoshì jiéguǒ zěnme yàng

考试结果怎么样?

„카오'스 ,졔„궈 „쩐머'양

05 영어시험에서 만점을 받았습니다.

Yīngyǔ kǎoshì dé le mǎnfēn ne

英语考试得了满分呢。

"잉„위 „카오'스 ,더러 „만"펀너

06 수학 성적은 어땠어?

Shùxué chéngjì zěnme yàng

数学成绩怎么样?

'수,쉬에 ,청'지 „쩐머'양

직장&사업에 관한 표현

QR코드 음원

대표 회화 알아두기

직업이 무엇입니까?
Nǐ de zhíyè shì shénme
你的职业是什么?

저는 프리랜서예요.
Wǒ shì zìyóu zhíyè zhě
我是自由职业者。

그 회사에서 무슨 일을 하십니까?
Zài nà gōngsī dānrèn shénme zhíwù
在那公司担任什么职务?

저는 기획부에서 일해요.
Wǒ zài qǐhuà bù gōngzuò
我在企划部工作。

직업에 대해 말할 때

01 직업이 무엇입니까?

Nǐ de zhíyè shì shénme

你的职业是什么?

„니더 ,즈'예 '스 ,선머

---

02 어떤 업종에 종사하십니까?

Nǐ cóngshì nǎ zhǒng hángyè

你从事哪种行业?

„니 ,총'스 „나„종 ,항'예

---

03 어떤 일을 하고 계십니까?

Nín zuò shénme gōngzuò

您做什么工作?

,닌 '쭤 ,선머 "꽁'줘

---

04 출판업에 종사하고 있습니다.

Wǒ cóngshì chūbǎn gōngzuò

我从事出版工作。

„워 ,총'스 "추„반 "꽁'줘

---

05 컴퓨터 분석가입니다.

Wǒ shì diànnǎo fēnxī jiā

我是电脑分析家。

„워 '스 '덴„나오 "펀"시"쟈

---

06 저는 자영업자입니다.

Wǒ shìge sīyíng yèzhǔ

我是个私营业主。

„워 '스거 "쓰,잉 '예„주

07 저는 봉급생활자입니다.

Wǒ shì gōngxīn zú

我是工薪族。

„워 '스 "꽁"신,쭈

08 저는 지금 실업자입니다.

Wǒ rújīn shì shīyè zhě

我如今是失业者。

„워 ,루"진'스 "스'예„저

09 저는 사무원이예요.

Wǒ shì xíngzhèng rényuán

我是行政人员。

„워 '스 ,싱'정 ,런,위엔

10 저는 공무원이예요.

Wǒ shì gōngwùyuán

我是公务员。

„워 '스 "꽁'우,위엔

11 저는 기술자예요.

Wǒ shì jìshù rényuán

我是技术人员。

„워 '스 '지'수 ,런,위엔

12 저는 프리랜서예요.

Wǒ shì zìyóu zhíyè zhě

我是自由职业者。

„워 '스 '쯔,요 ,즈'예„저

01 사업은 잘 돼 갑니까?

Shìyè hái shùnlì ba

事业还顺利吧?

'스'예 ,하이 '순'리바

02 당신의 일은 어떻게 돼가고 있나요?

Nǐ de shì xiànzài jìnzhǎn zěnme yàng a

你的事现在进展怎么样啊?

„니더 '스 '셴'자이 '진„잔 „쩐머 '양아

03 사업이 잘 됩니다.

Tǐng shùnlì de

挺顺利的。

„팅 '순'리더

04 사업이 잘 안 됩니다.

Shìyè bú tài shùn

事业不太顺。

'스'예 ,부'타이 '순

05 최근에 적자를 보고 있습니다.

Zuìjìn chūxiàn le chìzì

最近出现了赤字。

'쮀이'진 "추'셴러 '츠'쯔

06 그럭저럭 버텨 나가고 있습니다.

Mǎ ma hū hū wéichí júmiàn ba

马马虎虎维持局面吧。

„마마 "후"후 ,웨이,츠 ,쥐'몐바

직장에 대해 말할 때

01 어느 회사에 근무하십니까?

Qǐngwèn nǐ zài nǎ jiā gōngsī shàngbān

请问你在哪家公司上班?

„칭'원 „니'짜이 „나"쟈 "꽁"쓰 '상"빤

02 무역 회사에 다닙니다.

Wǒ zài màoyì gōngsī shàngbān

我在贸易公司上班。

„워 '짜이 '마오'이 "꽁"쓰 '상"빤

03 회사는 어디에 있습니까?

Nǐmen gōngsī zài nǎlǐ

你们公司在哪里?

„니먼 "꽁"쓰 '짜이„나„리

04 직무가 무엇입니까?

Nín de zhíwù shì shénme

您的职务是什么?

,닌더 ,즈'우 '스,선머

05 그 회사에서 무슨 일을 하십니까?

Zài nà gōngsī dānrèn shénme zhíwù

在那公司担任什么职务?

'짜이 '나"꽁"쓰 "딴'런 ,선머 ,즈'우

06 어느 부서에서 근무하세요?

Zài nǎge bùmén gōngzuò

在哪个部门工作?

'짜이 „나거 '뿌,먼 "꽁'줘

07 저는 영업부에서 일해요.

Wǒ zài shì chǎng bù shàngbān

我在市场部上班。

„워 '짜이 '스„창'부 '상''빤

08 저는 경리부에서 일해요.

Wǒ zài cáiwù bù shàngbān

我在财务部上班。

„워 '짜이 ,차이'우'부 '상''빤

09 저는 총무부에서 일해요.

Wǒ zài xíng zhèng bù shàngbān

我在行政部上班。

„워 '짜이 ,싱'정'부 '상''빤

10 저는 A/S부에서 일해요.

Wǒ zài shòuhòu fúwù bù shàngbān

我在售后服务部上班。

„워 '짜이 '소'호 ,푸'우'부 '상''빤

11 저는 인사부에서 일해요.

Wǒ zài rénlì zīyuán bù gōngzuò

我在人力资源部工作。

„워 '짜이 ,런'리 ''쯔,위엔'부 ''꽁'쭤

12 저는 기획부에서 일해요.

Wǒ zài qǐhuà bù gōngzuò

我在企划部工作。

„워 '짜이 „치'화'부 ''꽁'쭤

01 어떻게 출근하세요?

Nǐ zěnme shàng xiàbān
你怎么上下班?
„니 „쩐머 '상'샤"빤

02 몇 시까지 출근합니까?

Děi jǐ diǎn shàngbān
得几点上班?
„데이 „지„뎬 '상"빤

03 출근하는 데 시간이 얼마나 걸려요?

Shàngbān xūyào duō cháng shíjiān
上班需要多长时间?
'상"빤 "쉬'야오 "뚸,창 ,스"젠

04 제 차를 운전해서 출근합니다.

Wǒ zìjǐ kāichē shàngbān
我自己开车上班。
„워 '쯔„지 "카이"처 '상"빤

05 대개 지하철을 이용해서 출근해요.

Tōngcháng dōu zuò dìtiě shàng xiàbān
通常都坐地铁上下班。
"통,창 "도 '쭤'띠„톄 '상'샤"빤

06 사무실이 집에서 가까워요.

Bàngōngshì lí jiā hěn jìn
办公室离家很近。
'빤"공'스 ,리"쟈 „헌'진

01 언제 입사하셨습니까?

Shénme shí hou jìn gōngsī de

什么时候进公司的?

,선머 ,스호 '진 "꽁"쓰더

02 근무 시간이 어떻게 됩니까?

Gōngzuò shíjiān shì zěn yàng de

工作时间是怎样的?

"꽁'줘 ,스"젠 '스 „쩐'양더

03 저희 회사는 주 5일제 근무입니다.

Wǒmen gōngsī shì měi zhōu wǔ tiān gōngzuò zhì

我们公司是每周五天工作制。

„워먼 "꽁"쓰 '스 „메이"조 „우"톈 "꽁'줘'즈

04 저희는 격주로 토요일에는 쉽니다.

Wǒmen dān, shuāng xiū jiàngé

我们单, 双休间隔。

„워먼 "딴 "쐉"슈 '젠,거

05 당신 회사에서는 점심시간이 몇 시죠?

Nǐmen gōngsī wǔfàn shíjiān shì jǐ diǎn

你们公司午饭时间是几点?

„니먼 "꽁"쓰 „우'판 ,스"젠 '스 „지„뎬

06 저는 오늘밤 야근이에요.

Wǒ jīntiān shàng yèbān

我今天上夜班。

„워 "진"톈 '상'예"빤

01 내년에는 승진하시길 바랍니다.

Zhù nǐ míngnián gāoshēng
祝你明年高升。
'주„니 ,밍,녠 "까오"성

02 저 부장으로 승진했어요.

Wǒ bèi tíshēng wèi bù zhǎng le
我被提升为部长了。
„워 '베이 ,티"성 '웨이 '부„장러

03 언제 부장이 되셨어요?

Shénme shí hou dāng shang de bù zhǎng
什么时候当上的部长?
,선머 ,스호 "당상더 '부„장

04 우리 회사에서는 승진하기가 어려워요.

Zài wǒmen gōngsī jìnshēng kě nán le
在我们公司晋升可难了。
'짜이 „워먼"꽁"쓰 '진"성 „커 ,난러

05 그의 승진은 이례적이었어요.

Tā shì pògé jìnsheng de
他是破格晋升的。
"타 '스 '포,거 '진"성더

06 승진은 성적에 달렸어요.

Jìn shēng quán kào chéng jì
晋升全靠成绩。
'진"성 ,취엔'카오 ,청'지

휴가에 대해 말할 때

01 휴가 기간은 얼마나 됩니까?

Xiūjià qī jiān yǒu duō chǎng

休假期间有多长?

"슈'쟈 "치"졘 „요 "둬,창

02 휴가 계획을 세우셨어요?

Xiūjià zěnme ānpái

休假怎么安排?

"슈'쟈 „쩐머 "안,파이

03 휴가 언제 떠나세요?

Nǐ shénme shí hou qù xiūjià

你什么时候去休假?

„니 ,선머,스호 '취"슈'쟈

04 너무 바빠서 휴가를 가질 여유가 없어요.

Xiànzài tài máng, méiyǒu gōngfu xiūjià

现在太忙, 没有功夫休假。

'셴'자이 '타이 ,망 ,메이„요 "꽁푸 "슈'쟈

05 다음 주에 이틀 정도 휴가를 얻고 싶습니다.

Xià xīng qī, wǒ xiǎng xiū liǎng tiān jià

下星期, 我想休两天假。

'샤"싱"치 „워„샹 "슈 „량"톈'쟈

06 저는 내일부터 휴가예요.

Wǒ cóng míngtiān kāishǐ xiūjià

我从明天开始休假。

„워 ,총,밍"톈 "카이„스 "슈'쟈

01 상사가 누구입니까?

Nǐ de shàngjí shì shéi

你的上级是谁?

„니더 '상,지 '스,세이

02 당신 상사와의 사이가 어떠세요?

Nǐ gēn shàngjí de guān xi zěnme yàng

你跟上级的关系怎么样?

„니 "껀 '상,지더 "꽌시 „쩐머'양

03 저는 제 상사가 싫습니다.

Wǒ tǎoyàn wǒ shàngsi

我讨厌我上司。

„워 „타오'옌 „워 '상쓰

04 저는 제 상사를 존경합니다.

Wǒ zūnjìng wǒ lǐngdǎo

我尊敬我领导。

„워 "쭌'징 „워 „링„다오

05 그분은 매우 관대합니다.

Tā fēicháng kuānhóngdàliàng

他非常宽宏大量。

"타 "페이,창 "콴,홍 '따'량

06 그는 잔소리가 심해요.

Tā kě fán le

他可烦了。

"타 „커 ,판러

01 당신 회사는 정년이 몇 살입니까?

Nǐmen gōngsī guīdìng duōdà suìshu tuìxiū

你们公司规定多大岁数退休?

„니먼 "꽁"쓰 "꿰이'딩 "뚸'다 '쒜이수 '퉤이"슈

02 그만두기로 결심했어요.

Wǒ juédìng bú gān le

我决定不干了。

„워 ,쥐에'딩 ,부"깐러

03 언제 퇴직하십니까?

Shénme shí hou tuìxiū

什么时候退休?

,선머 ,스호 '퉤이"슈

04 이 일에는 안 맞는 것 같아요.

Wǒ hǎo xiàng bú shìhé zuò zhè zhǒng gōngzuò

我好象不适合做这种工作。

„워 „하오'샹 ,부'스,허 '쭤 '저 „종 "꽁'줘

05 새로운 직업이 마음에 드세요?

Duì xīn de zhíyè hái mǎnyì ma

对新的职业还满意吗?

'뒈이 "신더 ,즈'예 ,하이 „만'이마

06 그는 해고됐어요.

Tā bèi jiěgù le

他被解雇了。

"타 '베이 „졔'구러

01 실례합니다. 토마스씨입니까?

Duì bu qǐ, qǐng wèn, nín shì tuō mǎ sī xiān sheng ma
对不起，请问，您是托马斯先生吗？
'뛔이부„치 „칭'원 ,닌'스 "퉈 „마"쓰 "센성마

02 안녕하세요. 저는 김입니다.

Nín hǎo, wǒ shì jīn
您好，我是金。
,닌 „하오 „워 '스 "진

03 한국에 오신것을 환영합니다. 토마스씨

Huān yíng nín dào hán guó lái, tuō mǎ sī xiān sheng
欢迎您到韩国来，托马斯先生。
"환,잉 ,닌 '따오 ,한 ,궈 ,라이 "퉈„마"쓰 "센성

04 여기가 저희 회사 본사입니다.

Zhè shì wǒ men de zǒng gōng sī
这是我们的总公司。
'저 '스 „워먼더 „쫑"꽁"쓰

05 제가 회의실로 모시겠습니다.

Wǒ lǐng nín qù huì yì shì ba
我领您去会议室吧。
„워 „링,닌 '취 '훼이'이'스바

06 토마스씨 저희 상사인 박부장님이십니다.

Tuō mǎ sī xiān sheng, zhè wèi shì wǒ men gōng sī de piáo bù zhǎng
托马斯先生，这位是我们公司的朴部长。
"퉈 „마"쓰 "셴성 '저'웨이'스 „워먼"꽁"쓰더 ,퍄오'부„장

07 당사는 50여년 전에 창립되었습니다.

Gōng sī yǐ yǒu wǔ shí nián lì shǐ

公司已有五十年历史。

"꽁"스 „이„요 „우,스 ,녠 '리„스

---

08 당사는 여성화장품을 수입판매 하고 있습니다.

Zhǔ yào jīng yíng nǚ xìng huà zhuāng pǐn de jìn kǒu xiāo shòu

主要经营女性化妆品的进口销售。

„주'야오 "징,잉 „뉘'싱 '화"좡 „핀더 '진 „코 "샤오'소

---

09 주거래처는 미국과 일본입니다.

Zhǔ yào kè hù miàn xiàng měi guó rì běn

主要客户面向美国日本。

„주'야오 '커'후 '몐'샹 „메이 ,궈 '르„번

---

10 약간의 다과를 준비했습니다.

Zhǔn bèi le yì xiē diǎn xīn, qǐng màn yòng

准备了一些点心, 请慢用。

„준'베이러 '이"셰 „뎬"신 „칭 '만'용

---

11 공항까지 모셔다 드리겠습니다.

Wǒ sòng nín dào jī chǎng

我送您到机场。

„워 '쏭 ,닌 '따오 "지„창

---

12 만나서 반가웠습니다.

Hěn gāo xìng jiàn dào nín

很高兴见到您。

„헌 "까오'싱 '젠'다오 ,닌

UNIT 03

여가&취미에 관한 표현

QR코드 음원

대표 회화 알아두기

여가에 무엇을 하십니까?

Yèyú shíjiān nǐ cháng zuò shénme

业余时间你常做什么?

어디 여행이라도 갈까 해요.

Wǒ dǎsuàn qù lǚyóu

我打算去旅游。

어떤 종류의 영화를 즐겨 보십니까?

Nǐ xǐ huan kàn nǎ zhǒng lèixíng de diànyǐng

你喜欢看哪种类型的电影?

액션 영화를 좋아합니다.

Xǐ huan dòngzuò piàn

喜欢动作片。

01 주말에는 주로 무엇을 합니까?

Zhōumò zhǔyào gàn shénme

周末主要干什么?

"조'모 „주'야오 '깐 ,선머

02 주말에는 텔레비전을 보면서 시간을 보냅니다.

Zhōumò tōngcháng shì kàn diànshì dǎfā shíjiān

周末通常是看电视打发时间。

"조'모 "통,창'스 '칸'뎬'스 „따"파 ,스"졘

03 여가에 무엇을 하십니까?

Yèyú shíjiān nǐ cháng zuò shénme

业余时间你常做什么?

'예,위 ,스"졘 „니 ,창 '쭤 ,선머

04 휴일에 무엇을 하실 겁니까?

Jià qī dǎsuàn gàn shénme

假期打算干什么?

'쟈"치 „따'쏸 '깐 ,선머

05 그저 집에 있을 겁니다.

Wǒ dǎsuàn dāi zài jiālǐ

我打算待在家里。

„워 „따'쏸 "따이'짜이 "쟈„리

06 어디 여행이라도 갈까 해요.

Wǒ dǎsuàn qù lǚyóu

我打算去旅游。

„워 „따'쏸 '취 „뤼,요

01 특별한 취미가 있습니까?

Yǒu shéme tèbié de xìngqù ma
有什么特别的兴趣吗?
„요 ,선머 '터,볘더 '싱'취마

02 우표 수집을 좋아합니다.

Wǒ xǐ huan jíyóu
我喜欢集邮。
„워 „시환 ,지,요

03 골프를 좋아하신다고 들었습니다.

Tīng shuō nín xǐ huan dǎ gāo ěr fū
听说您喜欢打高尔夫?
"팅"숴 ,닌 „시환 „따 "까오„얼"푸

04 제 취미는 음악 감상입니다.

Wǒ de xìngqù shì xīnshǎng yīnyuè
我的兴趣是欣赏音乐。
„워더 '싱'취 '스 "신„상 "인'위에

05 저의 취미는 다양해요.

Wǒ de xìngqù hěn guǎngfàn
我的兴趣很广泛。
„워더 '싱'취 „헌 „광'판

06 저는 그런 일에는 별로 흥미가 없습니다.

Wǒ duì nà xiē shì bù gǎn xìngqù
我对那些事不感兴趣。
„워 '뒈이 '나"셰'스 '부„간'싱'취

스포츠에 대해 말할 때

01 어떤 스포츠를 좋아하십니까?

Nǐ xǐ huan nǎ zhǒng tǐyù xiàngmù

你喜欢哪种体育项目?

„니 „시환 „나„종 „티'위 '샹'무

02 어떤 운동을 잘하세요?

Nǐ shàncháng nǎ xiàng yùndòng

你擅长哪项运动?

„니 '산,창 „나'샹 '윈'동

03 당신은 자주 운동을 하세요?

Nǐ jīngcháng cānjiā yùndòng ma

你经常参加运动吗?

„니 "징,창 "찬"쟈 '윈'동마

04 나는 겨울 스포츠를 좋아합니다.

Wǒ xǐ huan dōngjì yùndòng

我喜欢冬季运动。

„워 „시환 "똥'지 '윈'동

05 나는 스포츠 중에 농구를 가장 좋아합니다.

Zài tǐyù xiàngmù zhōng wǒ zuì xǐ huan lánqiú

在体育项目中我最喜欢篮球。

'짜이 „티'위 '샹'무"종 „워 '쮀이 „시환 ,란,쵸

06 나는 스포츠에 흥미가 없습니다.

Wǒ duì tǐyù bù gǎn xìngqù

我对体育不感兴趣。

„워 '뒈이 „티'위 '부„간'싱'취

01 **나는 여행을 좋아합니다.**

Wǒ xǐ huan lǚxíng
我喜欢旅行。
„워 „시환 „뤼,싱

---

02 **어디로 휴가를 가셨어요?**

Dào nǎr dì jià qù le
到哪儿度假去了?
'따오„날 '두'쟈 '취러

---

03 **유원지로요.**

Dào jǐngqū a
到景区啊。
'따오 „징"취아

---

04 **해외여행을 가신 적이 있습니까?**

Nǐ dào guo hǎiwài lǚyóu ma
你到过海外旅游吗?
„니 '따오궈 „하이'와이 „뤼,요마

---

05 **해외여행은 이번이 처음입니다.**

Dào hǎiwài zhè shì dì yī cì
到海外这是第一次。
'따오 „하이'와이 '저'스 '디"이'츠

---

06 **세계 일주 할 기회를 찾고 있어요.**

Wǒ xiǎng zhǎo jīhuì zhōuyóu shìjiè
我想找机会周游世界。
„워 „샹 „자오 "지'훼이 "조,요 '스'졔

01 어떤 책을 즐겨 읽으십니까?

Nǐ xǐ huan dú shénme yàng de shū

你喜欢读什么样的书?

„니 „시환 ,두 ,선머'양더 "수

02 주로 애정소설을 읽습니다.

Zhǔyào kàn yánqíng xiǎoshuō

主要看言情小说。

„주'야오 '칸 ,옌,칭 „샤오"숴

03 저는 항상 책을 가지고 다닙니다.

Wǒ zǒng shì suíshēn dài zhe shū

我总是随身带着书。

„워 „쫑'스 ,쒜이"선 '따이저 "수

04 좋아하는 작가는 누구입니까?

Nǐ xǐ huan de zuòjiā shì shéi

你喜欢的作家是谁?

„니 „시환더 '쭤"쟈 '스,세이

05 요즘 베스트셀러는 무엇입니까?

Zuìjìn de chàngxiāo shū shì shénme

最近的畅销书是什么?

'쮀이'진더 '창"샤오"수 '스,선머

06 요즘 읽을 만한 좋은 책 있나요?

Zuìjìn yǒu shéme kě dú de hǎo shū ma

最近有什么可读的好书吗?

'쮀이'진 „요 ,선머 „커 ,두더 „하오"수마

01 어떤 종류의 영화를 즐겨 보십니까?

Nǐ xǐ huan kàn nǎ zhǒng lèixíng de diànyǐng

你喜欢看哪种类型的电影?

„니 „시환 '칸 „나„종 '레이,싱더 '뎬„잉

02 액션 영화를 좋아합니다.

Xǐ huan dòngzuò piàn

喜欢动作片。

„시환 '똥'쭤'폔

03 스릴 있는 영화를 좋아합니다.

Wǒ xǐ huan jīngsǒng piàn

我喜欢惊悚片。

„워 „시환 "징„송'폔

04 영화를 자주 보러 갑니까?

Nǐ cháng qù kàn diànyǐng ma

你常去看电影吗?

„니 ,창 '취 '칸'뎬„잉마

05 저는 영화광입니다.

Wǒ shì ge yǐngmí

我是个影迷。

„워 '스거 „잉,미

06 가장 좋아하는 영화배우가 누구예요?

Nǐ zuì xǐ huan de yǐngxīng shì shuí

你最喜欢的影星是谁?

„니 '쮀이 „시환더 „잉"싱 '스 ,세이

01 어떤 음악을 좋아하세요?

Nǐ xǐ huan tīng shénme yīnyuè
你喜欢听什么音乐?
„니 „시환 "팅 ,선머 "인'위에

02 유행가를 좋아합니다.

Xǐ huan liúxíng gēqǔ
喜欢流行歌曲。
„시환 ,료,싱 "거„취

03 좋아하는 가수가 누구예요?

Xǐ huan de gēxīng dōu yǒu shuí
喜欢的歌星都有谁?
„시환더 "거"싱 "도 „요 ,세이

04 가장 좋아하는 노래는 무엇입니까?

Zuì xǐ huan de gē shì nǎ shǒu
最喜欢的歌是哪首?
'쮀이 „시환더 "거 '스 „나„소

05 악기를 연주할 줄 압니까?

Nǐ huì yǎnzòu yuèqì ma
你会演奏乐器吗?
„니 '훼이 „옌'쪼 '위에'치마

06 저는 노래는 못해요. / 저는 음치입니다.

Wǒ bú huì chànggē / Wǒ wǔyīn bùquán
我不会唱歌。/ 我五音不全。
„워 ,부'훼이 '창"거 / „워 „우"인 '부,취엔

초대&방문& 약속에 관한 표현

QR코드 음원

대표 회화 알아두기

저녁 식사하러 우리 집에 오실래요?
Néng dào wǒjiā chī wǎn fàn ma
能到我家吃晚饭吗?

고맙습니다, 그러죠.
Xiè xie, tīng nǐ de
谢谢，听你的。

오늘 아주 즐거웠습니다.
Jīntiān zhēn gāoxìng
今天真高兴。

와주셔서 감사합니다.
Xiè xie nǐ de guānglín
谢谢你的光临。

01 오늘 저녁에 시간 있나요?

Jīntiān wǎn shang yǒu kòng ma

今天晚上有空吗?

"진"텐 „완상 „요 '콩마

02 이번 토요일에 무엇을 하실 건가요?

Zhè ge xīng qī liù, nǐ dǎ suàn gàn shénme

这个星期六，你打算干什么?

'저거 "싱"치'료 „니 „따'쏸 '깐 ,선머

03 저녁 식사하러 우리 집에 오실래요?

Néng dào wǒjiā chī wǎn fàn ma

能到我家吃晚饭吗?

,넝 '따오„워"쟈 "츠 „완'판마

04 제 생일파티에 참가할 수 있나요?

Nǐ néng lái cānjiā wǒ de shēngrì pàiduì ma

你能来参加我的生日派对吗?

„니 ,넝 ,라이 "찬"쟈 „워더 "성'르 '파이'뛔이마

05 그의 환송회에 참가하기를 바랍니다.

Xīwàng nǐ néng cānjiā tā de huānsòng huì

希望你能参加他的欢送会。

"시'왕 „니 ,넝 "찬"쟈 "타더 "환'쏭'훼이

06 제 초청을 받아 주시겠어요?

Kěn jiēshòu wǒ de yāoqǐng ma

肯接受我的邀请吗?

„컨 "졔'소 „워더 "야오„칭마

초대를 승낙할 때

01 그거 좋죠.

Nà hǎo wa

那好哇。

'나 „하오와

02 정말 좋은 생각이에요.

Zhēnshi hǎo zhǔ yi

真是好主意。

"전스 „하오„주이

03 그거 아주 좋겠는데요.

Nà tài hǎo le

那太好了。

'나 '타이 „하오러

04 저는 좋습니다.

Wǒ kěyǐ

我可以。

„워 „커„이

05 고맙습니다, 그러죠.

Xiè xie, tīng nǐ de

谢谢，听你的。

'셰셰 "팅„니더

06 초대해 주셔서 감사합니다.

Xiè xie nǐ de zhāodài

谢谢你的招待。

'셰셰 „니더 "자오'따이

초대를 거절할 때

01 죄송하지만, 그럴 수 없습니다.

Shù bù néng cóngmìng
恕不能从命。
'수 '부,넝 ,총'밍

02 죄송하지만, 저는 못 갈 것 같군요.

Duì bu qǐ, wǒ kěnéng qù bù liǎo
对不起，我可能去不了。
'뒈이부„치 „워 „커,넝 '취'부„랴오

03 죄송하지만, 아직 해야 할 일이 있습니다.

Duì bu qǐ, wǒ hái yǒushì xūyào chǔlǐ
对不起，我还有事需要处理。
'뒈이부„치 „워 ,하이 „요 '스 "쉬'야오 „추„리

04 유감스럽지만 못 갈 것 같군요.

Hěn yíhàn, wǒ kěnéng qù bu liǎo
很遗憾，我可能去不了。
„헌 ,이'한 „워 „커,넝 '취부„랴오

05 참가할 수 있다면 좋겠군요.

Yàoshi néng cānjiā jiù hǎo le
要是能参加就好了。
'야오스 ,넝 "찬"쟈 '죠 „하오러

06 오늘 저녁은 안 되겠습니다.

Jīnwǎn bù xíng
今晚不行。
"진„완 '부,싱

01 **초대해 주셔서 기쁩니다.**

Xiè xie nín de zhāodài

谢谢您的招待。

'셰셰 ,닌더 "자오'다이

02 **와 주셔서 감사합니다.**

Huānyíng guānglín

欢迎光临。

"환,잉 "꽝,린

03 **어서 들어오십시오.**

Kuài qǐng jìn ba

快请进吧。

'콰이 „칭'진바

04 **이쪽으로 오시죠.**

Wǎng zhè biān lái

往这边来。

„왕 '저"볜 ,라이

05 **오시는 길에 고생하지 않으셨어요?**

Lùshang méi yù dào shénme máfan ma

路上没遇到什么麻烦吗?

'루상 ,메이 '위'다오 ,선머 ,마판마

06 **조그만 선물입니다.**

Zhè shì wǒ yì diǎn xīnyì

这是我一点心意。

'저 '스 „워 '이„뎬 "신'이

07 편히 하세요.

Qǐng suíyì ba

请随意吧。

„칭 ,쒜이'이바

08 집을 보여 드리겠습니다.

Wǒ lái dài nín cānguān yí xià wǒ de jiā

我来带您参观一下我的家。

„워 ,라이 '따이 ,닌 "찬"관 ,이'샤 „워더 "쟈

09 아주 멋진 집이군요.

Hǎo piàoliang de fángzi ya

好漂亮的房子呀。

„하오 '퍄오량더 ,팡즈야

10 저녁식사 준비가 되었습니다.

Wǎncān zhǔnbèi hǎo le

晚餐准备好了。

„완"찬 „준'베이 „하오러

11 어서 드십시오.

Kuài qǐng

快请。

'콰이 „칭

12 정말 맛있는 식사였습니다.

Zhēnshi tài bǎo kǒufú le

真是太饱口福了。

"전스 '타이 „바오 „코,푸러

01 미안하지만 돌아가 봐야 합니다.

Bù hǎoyìsi, wǒ gāi huíqù le
不好意思，我该回去了。
'부„하오'이쓰 „워 "까이 ,훼이'취러

02 오늘 아주 즐거웠습니다.

Jīntiān zhēn gāoxìng
今天真高兴。
"진"텐 "전 "까오'싱

03 이렇게 가신다니 정말 아쉽네요.

Jiù zhème zǒu, zhēnshi tài kěxī le
就这么走，真是太可惜了。
'죠 '저머 „쪼 "전스 '타이 „커"시러

04 얘기 즐거웠습니다.

Gēn nǐ liáo de zhēn kāixīn
跟你聊得真开心。
"껀„니 ,랴오더 "전 "카이"신

05 와주셔서 감사합니다.

Xiè xie nǐ de guānglín
谢谢你的光临。
'셰셰 „니더 "꽝,린

06 다음에는 꼭 저희 집에 와 주세요.

Xià cì qǐng nín yí dìng lái wǒ jiā
下次请您一定来我家。
'샤'츠 „칭,닌 ,이'딩 ,라이 „워"쟈

약속을 제안할 때

01 이번 주말에 시간 있으세요?

Zhège zhōumò nǐ yǒu shíjiān ma

这个周末你有时间吗?

'저거 ''조'모 ,,니 ,,요 ,스''젠마

---

02 시간 좀 있어요?

Nǐ yǒu shíjiān ma

你有时间吗?

,,니 ,,요 ,스''젠마

---

03 잠깐 만날 수 있을까요?

Wǒ néng jiàn jiàn nǐ ma

我能见见你吗?

,,워 ,넝 '졘'졘 ,,니마

---

04 내일 우리 만날까요?

Míngtiān zánmen jiàn ge miàn

明天咱们见个面?

,밍''텐 ,짠먼 '졘거 '몐

---

05 시간 내서 만나요.

Zhǎo shíjiān jiàn ge miàn ba

找时间见个面吧。

,,자오 ,스''젠 '졘거 '몐바

---

06 내일 약속 있으세요?

Míngtiān yǒu mei yǒu yuēhuì

明天有没有约会?

,밍''텐 ,,요메이,,요 ''위에'훼이

약속제안에 응답할 때

01 왜 그러는데요?

Gàn ma yào jiàn
干嘛要见?
'깐마 '야오 '젠

02 무슨 일로 절 만나자는 거죠?

Nǐ yào jiàn wǒ yǒu shéme shì
你要见我有什么事?
„니 '야오 '젠„워 „요 ,선머 '스

03 좋아요, 시간 있어요.

Hǎo, wǒ yǒu shíjiān
好, 我有时间。
„하오 „워 „요 ,스"젠

04 이번 주말엔 다른 계획이 없어요.

Zhè ge zhōumò wǒ méiyǒu bié de dǎsuàn
这个周末我没有别的打算。
'저거 "조'모 „워 ,메이„요 ,베더 „따'쏸

05 6시 이후에 시간이 있을 거예요.

Liù diǎn yǐhòu néng yǒu shíjiān
六点以后能有时间。
'료„뎬 „이'호 ,넝 „요 ,스"젠

06 오늘 누구랑 약속이 있어요.

Jīntiān wǒ yuē le rén
今天我约了人。
"진"톈 „워 "위에러,런

01 몇 시로 했으면 좋겠어요?

Nǐ shuō dìng jǐ diǎn hǎo

你说定几点好?

„니 "쉬 '띵 „지„덴 „하오

02 언제 만나면 좋을까요?

Shénme shí hou jiànmiàn hǎo ne

什么时候见面好呢?

,선머 ,스호 '젠'몐 „하오너

03 몇 시가 편하세요?

Jǐ diǎn fāngbiàn

几点方便?

„지„덴 "팡'볜

04 3시는 괜찮은가요?

Sān diǎn xíng ma

三点行吗?

"싼„덴 ,싱마

05 어디서 만나지요?

Zài nǎr jiànmiàn ne

在哪儿见面呢?

'짜이„날 '젠'몐너

06 적당한 곳이 있을까요?

Yǒu mei yǒu héshì de dìfang

有没有合适的地方?

„요메이„요 ,허'스더 '디팡

PART 6

의견표현

대표 회화 알아두기

이 문제에 대해 어떻게 생각하세요?

Duì zhè ge wèn tí nǐ jué de zěnme yàng

对这个问题你觉得怎么样?

흥미 있는 얘기입니다.

Zhēnshi yǒuqù de xiǎngfǎ

真是有趣的想法。

내게 설명 좀 해 주시겠어요?

Nǐ kěyǐ gěi wǒ shuōmíng yí xià ma

你可以给我说明一下吗?

물론, 기꺼이 그렇게 하겠습니다.

Dāngrán, wǒ xīnrán cóngmìng

当然，我欣然从命。

01 이 문제에 대해 어떻게 생각하세요?

Duì zhè ge wèn tí nǐ jué de zěnme yàng

对这个问题你觉得怎么样?

'뛔이 '저거 '원 ,티 ,니 ,쥐에더 „쩐머'양

02 이걸 어떻게 하면 될까요?

Nǐ rènwéi zhè gāi zěnme bàn

你认为这该怎么办?

„니 '런,웨이 '저 ¨까이 „쩐머'빤

03 새로 산 내 차는 어떤 것 같아요?

Nǐ kàn wǒ xīn mǎi de chē zěnme yàng

你看我新买的车怎么样?

„니 '칸 „워 ¨신„마이더 ¨처 „쩐머'양

04 새 직업은 마음에 드세요?

Nǐ duì xīn gōngzuò hái mǎnyì ma

你对新工作还满意吗?

„니 '뛔이 ¨신¨꽁'쭤 ,하이 „만'이마

05 내게 설명 좀 해 주시겠어요?

Nǐ kěyǐ gěi wǒ shuōmíng yí xià ma

你可以给我说明一下吗?

„니 „커„이 „게이„워 ¨숴,밍 ,이'샤마

06 그게 어때서 그렇습니까?

Nà zěnme huì nà yàng

那怎么会那样?

'나 „쩐머 '훼이 '나'양

07 자, 이제 어떡하면 되겠습니까?

Ò, xià mian wǒmen gāi zěnme bàn

哦，下面我们该怎么办?

'오 '샤몐 „워먼 "까이 „쩐머'빤

---

08 약속을 취소해도 될까요?

Kěyǐ qǔxiāo yuēhuì ma

可以取消约会吗?

„커„이 „취"샤오 "위에'훼이마

---

09 제가 무엇을 했으면 합니까?

Nín xīwàng wǒ zuò shénme

您希望我做什么?

,닌 "시'왕 „워 '쭤 ,선머

---

10 어떤 좋은 방법이 없을까요?

Yǒu méi yǒu shéme hǎo bànfǎ

有没有什么好办法?

„요,메이„요 ,선머 „하오 '빤„파

---

11 이만하면 괜찮지요?

Zhè yàng hái bú cuò ba

这样还不错吧?

'저'양 ,하이 ,부'춰바

---

12 당신은 어느 쪽 편입니까?

Qǐngwèn nǐ bāng nǎ yì biān

请问你帮哪一边?

„칭'원 „니 "빵 „나 '이"볜

의견에 대한 긍정을 할 때

01 흥미 있는 얘기입니다.

Zhēnshi yǒuqù de xiǎngfǎ

真是有趣的想法。

''전스 „요'취더 „샹„파

02 아주 좋아요. / 굉장하군요!

tǐng hǎo　　Tài bàng le

挺好。/ 太棒了!

„팅 „하오　　'타이 '빵러

03 제가 보기에 그 아이디어는 아주 훌륭해요.

Wǒ kàn,　nà ge zhǔ yi hěn bú cuò

我看, 那个主意很不错。

„워 '칸　'나거 „주이 „헌 ,부'춰

04 그 문제에 대해서는 저도 동감입니다.

Duì nà ge wèntí,　wǒ yě yǒu tónggǎn

对那个问题, 我也有同感。

'뛔이 '나거 '원,티　„워 „예 „요 ,통„간

05 당신이 옳은 것 같아요.

Wǒ jué de nǐ shì duì de

我觉得你是对的。

„워 ,쥐에더 „니 '스 '뛔이더

06 물론, 기꺼이 그렇게 하겠습니다.

Dāngrán,　wǒ xīnrán cóngmìng

当然, 我欣然从命。

''땅,란　„워 ''신,란 ,총'밍

UNIT 02 질문에 관한 표현

대표 회화 알아두기

그건 무엇으로 만드셨어요?
Nà shì yòng shénme zuò de
那是用什么做的?

좋은 질문입니다.
Zhè ge wèntí tí de hǎo
这个问题提得好。

내 질문에 답을 하세요.
Qǐng nín huídá wǒ de wèntí
请您回答我的问题。

답변하고 싶지 않습니다.
Wǒ bù xiǎng huídá
我不想回答。

01 질문 하나 해도 될까요?

Wǒ kěyǐ wèn ge wèntí ma

我可以问个问题吗?

„워 „커„이 '원거 '원,티마

02 구체적인 질문 몇 가지를 드리겠습니다.

Xià mian wǒ wèn jǐ ge jù tǐ wèn tí

下面我问几个具体问题。

'샤몐 „워 '원 „지거 '쥐„티 '원,티

03 누구한테 물어봐야 되죠?

Bù zhī yīnggāi wèn nǎ wèi

不知应该问哪位?

'부"즈 "잉"가이 '원 „나'웨이

04 이것은 중국어로 뭐라고 하죠?

Qǐngwèn zhège yòng zhōngwén zěnme shuō

请问这个用中文怎么说?

„칭'원 '저거 '용 "종,원 „쩐머 "숴

05 이 단어를 어떻게 발음하죠?

Qǐngwèn zhè ge cí zěnme fāyīn

请问这个词怎么发音?

„칭'원 '저거 ,츠 „쩐머 "파"인

06 그건 무엇으로 만드셨어요?

Nà shì yòng shénme zuò de

那是用什么做的?

'나 '스 '용 ,선머 '쭤더

07 당신에게 질문할 게 많이 있습니다.

Wǒ yǒu xǔduō wèntí xiàng nín qǐng jiào

我有许多问题向您请教。

„워 „요 „쉬"둬 '원,티 '샹,닌 „칭'쟈오

08 그건 무엇에 쓰는 거죠?

Nà shì yòng zài shénme dì fang de

那是用在什么地方的?

'나 '스 '용 '짜이 ,선머 '디팡더

09 질문을 잘 들으세요.

Qǐng tīng hǎo wǒ de tíwèn

请听好我的提问。

„칭 "팅 „하오 „워더 ,티'원

10 모르시겠어요?

Nǐ bù zhīdào ma

你不知道吗?

„니 '부"즈'다오마

11 내 질문에 답을 하세요.

Qǐng nín huídá wǒ de wèntí

请您回答我的问题。

„칭 ,닌 ,훼이,다 „워더 '원,티

12 답을 말해 보세요.

Qǐng shuō chū dá àn

请说出答案。

„칭 "쉬"추 ,다'안

질문에 답변할 때

01 제가 어떻게 알겠어요?

Wǒ zěnme zhīdào
我怎么知道?
„워 „쩐머 "즈'다오

02 좋은 질문입니다.

Zhè ge wèntí tí de hǎo
这个问题提得好。
'저거 '원,티 ,티더 „하오

03 더 이상 묻지 마세요.

Qǐng bú yào zài wèn le
请不要再问了。
„칭 ,부'야오 '짜이 '원러

04 답변하고 싶지 않습니다.

Wǒ bù xiǎng huídá
我不想回答。
„워 '부„샹 ,훼이,다

05 뭐라고 대답해야 좋을지 모르겠습니다.

Bù zhīdào gāi zěnme huídá hǎo
不知道该怎么回答好。
'부"즈'다오 "까이 „쩐머 ,훼이,다 „하오

06 여기까지 다른 질문은 없습니까?

Dào zhèr, hái yǒu shéme bié de wèntí ma
到这儿，还有什么别的问题吗?
'따오 '절 ,하이 „요 ,선머 ,베더 '원,티마

견해&소감에 관한 표현

QR코드 음원

대표 회화 알아두기

이 계획에 대해 어떻게 생각하십니까?
Nǐ duì zhè jìhuà yǒu shéme xiǎngfǎ
你对这计划有什么想法?

아주 좋습니다.
Guò de hěn hǎo
过得很好。

내 의견에 대해 어떻게 생각하세요?
Nǐ duì wǒ de yìjiàn zěnme kàn
你对我的意见怎么看?

솔직하게 말씀드려도 될까요?
Wǒ kěyǐ tǎnshuài de tán tán wǒ de xiǎngfǎ ma
我可以坦率地谈谈我的想法吗?

견해를 물을 때

01 이 계획에 대해 어떻게 생각하십니까?

Nǐ duì zhè jìhuà yǒu shéme xiǎngfǎ
你对这计划有什么想法?
„니 '뛔이 '저 '지'화 „요 ,선머 „샹„파

02 다른 제안이 있습니까?

Yǒu mei yǒu bié de tí yì
有没有别的提议?
„요메이„요 ,볘더 ,티'이

03 좋은 아이디어가 떠오르십니까?

Nǐ yǒu shéme hǎo zhǔ yi ma
你有什么好主意吗?
„니 „요 ,선머 „하오 „주이마

04 내 의견에 대해 어떻게 생각하세요?

Nǐ duì wǒ de yìjiàn zěnme kàn
你对我的意见怎么看?
„니 '뛔이 „워더 '이'젠 „쩐머 '칸

05 자, 제가 어떻게 하면 됩니까?

À, nǐ jué de wǒ yīnggāi zěnme zuò
啊, 你觉得我应该怎么做?
'아 „니 ,쥐에더 „워 "잉"가이 „쩐머 '쭤

06 그 여자에 대해 어떻게 생각하세요?

Nǐ jué de nà ge nǚ rén zěnme yàng
你觉得那个女人怎么样?
„니 ,쥐에더 '나거 „뉘,런 „쩐머'양

01 솔직하게 말씀드려도 될까요?

Wǒ kěyǐ tǎnshuài de tán tán wǒ de xiǎngfǎ ma
我可以坦率地谈谈我的想法吗?
„워 „커„이 „탄'솨이더 ,탄,탄 „워더 „샹„파마

02 물론이죠.

Nà dāngrán
那当然。
'나 "땅,란

03 그게 훨씬 더 좋은데요.

Wǒ xiǎng nà ge hǎo de duō
我想那个好得多。
„워 „샹 '나거 „하오더 "둬

04 그것도 역시 효과가 없을 겁니다.

Wǒ xiǎng nà yě bú jiàn de yǒuxiào
我想那也不见得有效。
„워 „샹 '나„예 ,부'졘더 „요'샤오

05 다른 뾰족한 수가 없는 것 같아요.

Wǒ xiǎng bú huì yǒu shéme tèbié hǎo de bànfǎ le
我想不会有什么特别好的办法了。
„워 „샹 ,부'훼이 „요 ,선머 '터,볘 „하오더 '빤„파러

06 오히려 이것이 나아요.

Dào shi zhè ge hǎo yì xiē
倒是这个好一些。
'따오스 '저거 „하오 '이"셰

01 한국 생활은 어떻습니까?

Zài hánguó shēnghuó de zěnme yàng

在韩国生活得怎么样?

'짜이 ,한,궈 "성,훠더 „쩐머'양

02 아주 좋습니다.

Guò de hěn hǎo

过得很好。

'궈더 „헌 „하오

03 소감을 말씀해 주세요.

Qǐng tán tán nín de gǎnxiǎng

请谈谈您的感想。

„칭 ,탄,탄 ,닌더 „간„샹

04 한국에 대한 소감이 어떻습니까?

Nín duì hánguó yǒu shéme gǎnxiǎng

您对韩国有什么感想?

,닌 '뛔이 ,한,궈 „요 ,선머 „간„상

05 한국에 대해 가장 인상적인 것은 무엇이었습니까?

Nín duì hánguó de nǎ ge fāngmiàn yìnxiàng zuì shēn

您对韩国的哪个方面印象最深?

,닌 '뛔이 ,한,궈더 „나거 "팡'멘 '인'샹 '쮀이 "선

06 뭐가 그렇게 좋았습니까?

Hǎo zài nǎlǐ

好在哪里?

„하오 '짜이 „나„리

제안&권유에 관한 표현

QR코드 음원

대표 회화 알아두기

저하고 쇼핑 가실래요?

Péi wǒ yì qǐ qù gòuwù hǎo ma

陪我一起去购物好吗?

네, 그렇게 하겠습니다.

Hǎo, jiù nà yàng ba

好, 就那样吧。

기분전환 겸 산책이나 합시다.

Wǒmen chūqù zǒu zǒu, sàn sàn xīn

我们出去走走, 散散心。

그럴 기분이 아닙니다.

Wǒ méi xīnqíng

我没心情。

01 술을 끊는 게 좋겠어요.

Nǐ hái shi jiè jiǔ ba
你还是戒酒吧。
„니 ,하이스 '졔„죠바

02 우리 돌아가는 게 좋지 않겠어요?

Wǒmen shì bu shì gāi huí qù le
我们是不是该回去了?
„워먼 '스부'스 "까이 ,훼이'취러

03 테니스 치러 가시죠?

Qù bu qù dǎ wǎngqiú
去不去打网球?
'취부'취 „따 „왕,쵸

04 괜찮다면 같이 가시죠.

Fāng biàn de huà yì qǐ zǒu ba
方便的话一起走吧。
"팡'볜더 '화 '이„치 „쪼바

05 저하고 쇼핑 가실래요?

Péi wǒ yì qǐ qù gòuwù hǎo ma
陪我一起去购物好吗?
,페이„워 '이„치 '취 '꼬'우 „하오마

06 커피 한 잔 드시겠어요?

Lái yì bēi kāfēi ba
来一杯咖啡吧?
,라이 '이"베이 "카"페이바

07 창문을 열까요?

Kāi kāi chuāng hu hǎo ma
开开窗户好吗?
"카이"카이 "촹후 „하오마

08 제가 가방을 들어 드릴까요?

Wǒ gěi nín līn bāo hǎo ma
我给您拎包好吗?
„워 „게이,닌 "린 "빠오 „하오마

09 기왕에 왔으니까 식사를 하는 게 낫겠어요.

Jìrán lái le, wǒmen hái shi chī diǎn fàn ba
既然来了, 我们还是吃点饭吧。
'지,란 ,라이러 „워먼 ,하이스 "츠„뎬 '판바

10 기분전환 겸 산책이나 합시다.

Wǒmen chūqù zǒu zǒu, sàn sàn xīn
我们出去走走, 散散心。
„워먼 "추'취 „쪼„쪼 '싼'싼 "신

11 제가 도와드릴 일이라도 있나요?

Yǒu mei yǒu xūyào wǒ bāngmáng de
有没有需要我帮忙的?
„요메이„요 "쉬'야오 „워 "빵,망더

12 맥주 한 잔 하시겠어요?

Lái yì bēi píjiǔ hǎo ma
来一杯啤酒好吗?
,라이 '이"베이 ,피„죠 „하오마

01 **네, 그렇게 하겠습니다.**

Hǎo, jiù nà yàng ba
好，就那样吧。
„하오 '죠 '나'양바

---

02 **감사합니다. 그렇게 해 주세요.**

Xiè xie, nà jiù qǐng ba
谢谢，那就请吧。
'셰셰 '나 '죠 „칭바

---

03 **기꺼이 당신의 제의를 받아들이겠습니다.**

Wǒ hěn gāoxìng de jiēshòu nín de tíyì
我很高兴地接受您的提议。
„워 „헌 "까오'싱더 "졔'소 ,닌더 ,티'이

---

04 **그럴 기분이 아닙니다.**

Wǒ méi xīnqíng
我没心情。
„워 ,메이 "신,칭

---

05 **고맙지만, 됐습니다.**

Xiè xie, bú yòng le
谢谢，不用了。
'셰셰 ,부'용러

---

06 **다음 기회로 미룰까요?**

Xià cì zài zhǎo jīhuì hǎo bu hǎo
下次再找机会好不好?
'샤'츠 '짜이 „자오 "지'훼이 „하오부„하오

결심&설득에 관한 표현

QR코드 음원

대표 회화 알아두기

우린 끝까지 싸울 겁니다.
Wǒmen huì fèndòu dàodǐ de
我们会奋斗到底的。

정말 어려운 결심을 하셨군요.
Zhēnshi hǎobù róngyì cái xià de juéxīn a
真是好不容易才下的决心啊！

지금 당장 결심하세요.
Nǐ xiànzài jiù děi xià juéduàn
你现在就得下决断。

저에게 강요하지 마세요.
Nǐ kě bié xiǎng qiǎngpò wǒ
你可别想强迫我。

01 나는 작가가 되기로 결심했어요.

Wǒ juédìng dāng ge zuòjiā

我决定当个作家。

„워 ,쥐에'딩 ''땅거 '쭤''쟈

---

02 두고 보십시오.

Nǐ děng zhe qiáo ba

你等着瞧吧。

„니 „덩저 ,챠오바

---

03 우린 끝까지 싸울 겁니다.

Wǒmen huì fèndòu dàodǐ de

我们会奋斗到底的。

„워먼 '훼이 '펀'또 '따오„디더

---

04 그것에 대해 많이 생각해 봤어요.

Duì nà ge wèntí wǒ xiǎng le hěn duō

对那个问题我想了很多。

'뛔이 '나거 '원,티 „워 „샹러 „헌''둬

---

05 글쎄, 어떻게 할까?

Shì a, yīnggāi zěnme bàn ne

是啊, 应该怎么办呢?

'스아 ''잉''가이 „쩐머'빤너

---

06 이 일은 좀 더 두고 봅시다.

Zhè shì xiān fàng yi fàng ba

这事先放一放吧。

'저 '스 ''셴 '팡이'팡바

07 지금 당장 결심하세요.

Nǐ xiànzài jiù děi xià juéduàn
你现在就得下决断。
„니 '셴'자이 '죠 „데이 '샤 ,쥐에'돤

08 왜 생각을 바꾸셨습니까?

Nǐ wèi shéme gǎi biàn le zhǔ yi
你为什么改变了主意?
„니 '웨이,선머 „가이'볜러 „주이

09 정말 어려운 결심을 하셨군요.

Zhēnshi hǎobù róngyì cái xià de juéxīn a
真是好不容易才下的决心啊!
"전스 „하오'부 ,룽'이 ,차이 '샤더 ,쥐에"신아

10 어떻게 결정하셔도 저는 따를게요.

Bù guǎn shénme juédìng, wǒ dōu fúcóng
不管什么决定, 我都服从。
'부„관 ,선머 ,쥐에'딩 „워 "도 ,푸,총

11 그 일은 이미 만장일치로 결정되었습니다.

Nà shì yǐjīng quántǐ yí zhì tōngguò le
那事已经全体一致通过了。
'나 '스 „이"징 ,취엔„티 ,이'즈 "퉁'궈러

12 우리 동전을 던져서 결정합시다.

Wǒmen gāncuì zhì yìngbì juédìng ba
我们干脆掷硬币决定吧。
„워먼 "깐'췌이 '즈 '잉'비 ,쥐에'딩바

상대를 설득할 때

01 제 말을 들으세요.

Nǐ qiě tīng wǒ shuō
你且听我说。
„니 „체 "팅 „워"숴

02 저에게 강요하지 마세요.

Nǐ kě bié xiǎng qiǎngpò wǒ
你可别想强迫我。
„니 „커 ,볘 „샹 „챵'포„워

03 더 이상 이 일을 못 맡겠습니다.

Zhè ge gōngzuò wǒ wú fǎ zài gàn xià qù le
这个工作我无法再干下去了。
'저거 "꽁'줘 „워 ,우„파 '짜이 '깐 '샤'취러

04 그렇다면 말리지 않겠습니다.

Shízài nà yàng, wǒmen yě bù qiǎngqiú le
实在那样，我们也不强求了。
,스'자이 '나'양 „워먼 „예 '부 „챵,쵸러

05 이래도 안 하시겠어요?

Zhè yàng nǐ hái bù xiǎng gàn ma
这样你还不想干吗?
'저'양 „니 ,하이 '부„샹 '깐마

06 정 그렇다면 어쩔수가 없네요.

Shízài nàyàng de huà yě méi bànfǎ le
实在那样的话也没办法了。
,스'자이 '나'양더 '화 „예 ,메이 '빤„파러

UNIT 06 명령&판단에 관한 표현

QR코드 음원

격하게 중국어로 말하기

대표 회화 알아두기

그 문제는 이렇게 처리하세요.

Nà wèntí jiù zhème bàn ba

那问题就这么办吧。

네, 최선을 다하겠습니다.

Shì, wǒmen huì quánlì yǐ fù

是，我们会全力以赴。

100% 확실합니다.

Bǎi fēn zhī bǎi quèqiè

百分之百确切。

속단하지 마세요.

Bié tài zǎo xià jiélùn

别太早下结论。

01 이번 주 금요일까지 확실히 끝내게나.

Dào zhè ge xīng qī wǔ wúlùn rúhé děi jiéshù

到这个星期五无论如何得结束!

'따오 '저거 "싱"치„우 ,우'룬 ,루,허 „데이 ,졔'수

02 네, 최선을 다하겠습니다.

Shì, wǒmen huì quánlì yǐ fù

是，我们会全力以赴。

'스 „워먼 '훼이 ,취엔'리 „이'푸

03 그 사람 지시를 따르세요.

Nǐ jiù tīng tā de zhǐshì ba

你就听他的指示吧。

„니 '죠 "팅 "타더 „즈'스바

04 그 문제는 이렇게 처리하세요.

Nà wèntí jiù zhème bàn ba

那问题就这么办吧。

'나 '원,티 '죠 '저머 '빤바

05 그 사람 빨리 좀 데려 오세요.

Nǐ kuài diǎn bǎ nà rén jiào lái

你快点把那人叫来!

„니 '콰이„뎬 „바 '나,런 '쟈오,라이

06 무슨 일이 있어도 그것을 해라.

Wúlùn rúhé nǐ děi bǎ nà shì gěi bàn le

无论如何你得把那事给办了。

,우'룬 ,루,허 „니 „데이 „바 '나 '스 „게이'빤러

01 **그럴 줄 알았어!**

Zǎo zhīdào huì nà yàng
早知道会那样!
„짜오 "즈'다오 '훼이 '나'양

---

02 **당신 추측이 딱 맞았어요.**

Zhèngrú nǐ suǒ liào
正如你所料!
'정 ,루 „니 „쒀'랴오

---

03 **결과가 우리 예상대로 되었어요.**

Jiéguǒ zhèngrú wǒmen suǒ xiǎng
结果正如我们所想。
,졔„궈 '정 ,루 „워먼 „쒀„샹

---

04 **그건 전혀 예상 밖의 상황이었어요.**

Nà kěshì quánrán méi yǒu yùliào dào de zhuàngkuàng a
那可是全然没有预料到的状况啊。
'나 „커'스 ,취엔,란 ,메이„요 '위'랴오'다오더 '좡'쾅아

---

05 **전혀 짐작이 안 가요.**

Zhēnshi gǎo bù dǒng
真是搞不懂。
"전스 „까오'부„동

---

06 **속단하지 마세요.**

Bié tài zǎo xià jiélùn
别太早下结论。
,베 '타이 „짜오 '샤 ,졔'룬

01 **물론이죠.**

Dān grán le
当然了。
"땅,란러

---

02 **내기를 해도 좋아요.**

Wǒ gǎn gēn nǐ dǎ dǔ
我敢跟你打赌。
„워 „간 "껀„니 „따„두

---

03 **100% 확실합니다.**

Bǎi fēn zhī bǎi quèqiè
百分之百确切。
„바이"펀"즈„바이 '취에'쳬

---

04 **그 점은 제가 보증합니다.**

Zhè diǎn wǒ bǎozhèng
这点我保证!
'저„뎬 „워 „바오'정

---

05 **단언합니다.**

Wǒ gǎn duànyán
我敢断言。
„워 „간 '돤,옌

---

06 **제 이름을 걸고 꼭 하겠습니다.**

Wǒ yòng wǒ de míngyì dānbǎo, yí dìng yào zuò dào
我用我的名义担保，一定要做到。
„워 '용 „워더 ,밍'이 "딴„바오 ,이'딩 '야오 '쭤'다오

UNIT 07 부탁&양해에 관한 표현

QR코드 음원

대표 회화 알아두기

부탁을 하나 해도 될까요?
Kěyǐ bàituō nín yí jiàn shì ma
可以拜托您一件事吗?

그렇게 하세요.
Jiù nà yàng ba
就那样吧。

여기서 담배를 피워도 됩니까?
Zhèr kěyǐ xīyān ma
这儿可以吸烟吗?

안 됩니다. 이곳은 금연구역입니다.
Bù xíng, zhèr shì jìnyān qū
不行, 这儿是禁烟区。

01 **부탁을 하나 해도 될까요?**

Kěyǐ bàituō nín yí jiàn shì ma

可以拜托您一件事吗?

„커„이 '바이''퉈 ,닌 ,이'젠 '스마

---

02 **당연히 제가 할 수 있으면요. 뭔데요?**

Dāngrán, zhǐyào wǒ néng zuò dào Qǐngwèn shì shénme

当然，只要我能做到。请问是什么?

''땅,란 „즈'야오 „워 ,넝 '쭤'다오 „칭'원 '스 ,선머

---

03 **좀 태워다 주시겠습니까?**

Wǒ kě yǐ dā nín de chē ma

我可以搭您的车吗?

„워 „커„이 ''따 ,닌더 ''처마

---

04 **잠시 폐를 끼쳐도 될까요?**

Wǒ kě yǐ dǎrǎo nín yí xià ma

我可以打扰您一下吗?

„워 „커„이 „따„라오 ,닌 ,이'샤마

---

05 **저를 도와주실 수 있나 모르겠네요.**

Bù zhī dào nín néng bu néng bāng ge máng wǒ

不知道您能不能帮个忙我?

'부''즈'다오 ,닌 ,넝부,넝 ''빵거,망 „워

---

06 **내일 제가 차를 쓸 수 있을까요?**

Míngtiān wǒ néng yòng yí xià chē ma

明天我能用一下车吗?

,밍''톈 „워 ,넝 '용,이'샤 ''처마

07 당신 것을 빌려도 될까요?

Wǒ néng jiè nín de yòng yí xià ma

我能借您的用一下吗?

„워 ,넝 '졔 ,닌더 '용,이'샤마

08 그렇게 하세요.

Jiù nà yàng ba

就那样吧。

'죠 '나'양바

09 저와 함께 가실래요?

Nín néng péi wǒ yì qǐ qù ma

您能陪我一起去吗?

,닌 ,넝 ,페이„워 '이„치 '취마

10 주소 좀 가르쳐 주시겠어요?

Qǐng gào su wǒ dìzhǐ hǎo ma

请告诉我地址好吗?

„칭 '까오쑤 „워 '띠„즈 „하오마

11 잠깐 제 대신 좀 해주시겠어요?

Nín néng tì wǒ yí huìr ma

您能替我一会儿吗?

,닌 ,넝 '티 „워 ,이'훨마

12 내일은 쉬고 싶습니다.

Míngtiān wǒ xiǎng xiū xi yí xià

明天我想休息一下。

,밍"톈 „워 „샹 "슈시 ,이'샤

01 여기서 담배를 피워도 됩니까?

Zhèr kěyǐ xīyān ma
这儿可以吸烟吗?
'절 „커„이 "시"옌마

02 안 됩니다. 이곳은 금연구역입니다.

Bù xíng, zhèr shì jìnyān qū
不行, 这儿是禁烟区。
'부,싱 '절 '스 '진"옌"취

03 실례합니다.

Duì bu qǐ le
对不起了。
'뒈이부„치러

04 말씀 도중에 죄송합니다만, ….

Bù hǎo yìsi, dǎ duàn yí xià
不好意思, 打断一下。
'부„하오'이쓰 „따'돤 ,이'샤

05 여기 앉아도 되겠습니까?

Wǒ kěyǐ zuò zhèr ma
我可以坐这儿吗?
„워 „커„이 '쭤 '절마

06 한 시간만 당신 컴퓨터를 빌려 쓰고 싶은데요.

Wǒ xiǎng jièyòng yí xià nǐ de diànnǎo, dàgài yí ge xiǎoshí
我想借用一下你的电脑, 大概一个小时。
„워 „샹 '졔'용 ,이'샤 „니더 '뎬„나오 '따'가이 ,이거 „샤오,스

충고&주의에 관한 표현

QR코드 음원

대표 회화 알아두기

농담을 너무 심하게 하지 말아요.
Wánxiào kě bié kāi guò tóu
玩笑可别开过头!

화를 내지 마세요.
Nǐ bú yào fā huǒ
你不要发火。

나를 실망시키지 마세요.
Bú yào ràng wǒ shīwàng
不要让我失望。

주의하는 것이 좋겠어요!
Wǒ kàn nǐ hái shi zhùyì diǎn hǎo
我看你还是注意点好。

01 나를 실망시키지 마세요.

Bú yào ràng wǒ shīwàng
不要让我失望。
,부'야오 '랑„워 "스'왕

02 잊지 말고 꼭 기억하세요.

Nǐ kě yào jì zhu, bié wàng le
你可要记住，别忘了!
„니 „커 '야오 '지주 ,볘 '왕러

03 자존심을 버리세요.

Bié tài jiǎng zìzūn la
别太讲自尊啦。
,볘 '타이 „쟝 '쯔"쭌라

04 어떠한 경우라도 반드시 내게 알려주세요.

Bù guǎn qíngkuàng rúhé, qǐng wùbì gàozhī wǒ
不管情况如何，请务必告知我。
'부„관 ,칭'쾅 ,루,허 „칭 '우'비 '까오"즈 „워

05 일찍 자고 일찍 일어나는 게 좋아요.

Hái shi zǎo shuì zǎo qǐ hǎo
还是早睡早起好。
,하이스 „짜오'쉐이 „짜오„치 „하오

06 여론에 귀를 기울이세요.

Děi qīngtīng yúlùn
得倾听舆论。
„데이 "칭"팅 ,위'룬

07 자동차를 조심하세요!

Dāngxīn qìchē
当心汽车!
"땅"신 '치"처

08 규칙대로 하는 것이 좋을 겁니다.

Hái shi zhào guīju lái hǎo yì xiē
还是照规矩来好一些。
,하이스 '자오 "꿰이쥐,라이 „하오 '이"셰

09 취미에 너무 몰두하지 마세요.

Bùyào tài rù mí le
不要太入迷了。
'부'야오 '타이 '루,미러

10 말보다는 행동이 중요해요.

Shuō bù rú zuò
说不如做。
"숴 '부,루 '쭤

11 담배를 끊으셔야 해요.

Yān shì yí dìng yào jiè de
烟是一定要戒的。
"옌 '스,이'딩 '야오 '졔더

12 당신은 그 점을 잘 이용해야 해요.

Nǐ yí dìng yào hǎo hāo lìyòng nà diǎn
你一定要好好利用那点。
„니,이'딩 '야오 „하오 "하오 '리'용 '나„뎬

01 화를 내지 마세요.

Nǐ bú yào fā huǒ

你不要发火。

„니 ,부'야오 "파„훠

02 농담을 너무 심하게 하지 말아요.

Wánxiào kě bié kāi guò tóu

玩笑可别开过头!

,완'샤오 „커 ,볘 "카이 '궈,토

03 그러면 안 돼요.

Nǐ kě bú yào nà yàng

你可不要那样。

„니 „커 ,부'야오 '나'양

04 비밀을 누설하지 마세요.

Bù xǔ xiè lù mìmì

不许泄露秘密。

'부 „쉬 '셰'루 '미'미

05 그것을 중지하도록 하세요.

Nà jiàn shì jiùcǐ wánjié ba

那件事就此完结吧。

'나'젠 '스 '죠 „츠 ,완,졔바

06 주의하는 것이 좋겠어요!

Wǒ kàn nǐ hái shi zhùyì diǎn hǎo

我看你还是注意点好。

„워 '칸 „니 ,하이스 '주'이„뎬 „하오

UNIT 09

재촉&여유에 관한 표현

QR코드 음원

대표 회화 알아두기

지체할 시간이 없어요.
Méi yǒu gōng fu dān wu le
没有功夫耽误了。

너무 재촉하지 마세요.
Bú yào cuī de nà me lì hai
不要催得那么厉害!

가능한 빨리 하세요.
Jǐnliàng kuài diǎn ba
尽量快点吧。

서두를 필요 없어요.
Bú yòng gǎn
不用赶。

01 **서두르세요!**

Qǐng zhuā diǎn jǐn
请抓点紧。
„칭 "좌„뎬 „진

02 **저 몹시 급해요.**

Wǒ hěn zháo jí de
我很着急的。
„워 „헌 ,자오,지더

03 **서둘러, 시간이 넉넉하지 않아.**

Kuài diǎn, shíjiān bù duō le
快点，时间不多了!
'콰이„뎬 ,스"젠 '부"둬러

04 **빨리 하세요!**

Kuài diǎn gàn ba
快点干吧!
'콰이„뎬 '깐바

05 **어서 와, 왜 그렇게 시간이 걸리니?**

Nǐ kuài lái Zěnme huā nàme cháng shíjiān
你快来! 怎么花那么长时间?
„니 '콰이 ,라이 „쩐머 "화 '나머 ,창 ,스"젠

06 **지체할 시간이 없어요.**

Méi yǒu gōng fu dān wu le
没有功夫耽误了。
,메이„요 "꽁푸 "딴우러

07 **가능한 빨리 하세요.**

Jǐnliàng kuài diǎn ba

尽量快点吧。

„진'량 '콰이„뎬바

08 **속도를 좀 내세요.**

Jiā kuài diǎn sùdù

加快点速度!

"쟈 '콰이„뎬 '쑤'두

09 **고속으로 해 주세요. (배달을 부탁할 때)**

Qǐng jǐnkuài sòng dào

请尽快送到!

„칭 „진'콰이 '쏭'다오

10 **지금 당장 해 주세요.**

Xiànzài lìjí chǔlǐ ba

现在立即处理吧。

'셴'자이 '리,지 „추„리바

11 **비행기 시간에 늦겠다.**

Yào gǎn bú shàng fēi jī le

要赶不上飞机了!

'야오 „간,부'상 "페이"지러

12 **이제 슬슬 시작해 보자고요.**

Wǒmen zhè jiù dòng shǒu ba

我们这就动手吧。

„워먼 '저 '죠 '똥„소바

01 천천히 하세요.

Qǐng màn màn lái
请慢慢来。
„칭 '만'만 ,라이

02 서두를 필요 없어요.

Bú yòng gǎn
不用赶。
,부'용 „간

03 나중에 해도 돼요.

Yǐ hòu zài gàn yě xíng
以后再干也行。
„이'호 '짜이 '깐 „예 ,싱

04 너무 재촉하지 마세요.

Bú yào cuī de nà me lì hai
不要催得那么厉害!
,부'야오 "췌이더 '나머 '리하이

05 서두르면 빨리 된다고 생각하세요?

Nǐ yǐwéi zháo jí jiù néng kuài ya
你以为着急就能快呀?
„니 „이,웨이 ,자오,지 '죠 ,넝 '콰이야

06 시간이 많이 있습니다.

Shíjiān hěn chōngfèn
时间很充分。
,스"젠 „헌 "총'펀

PART 7

교통표현

UNIT 01

백화점은 어디에 있습니까?
Bǎihuò diàn zài nǎlǐ
百货店在哪里?

저 빌딩입니다.
Jiùshì nà dòng lóu
就是那栋楼。

여기에서 가깝습니까?
Lí zhèr jìn ma
离这儿近吗?

여기에서 상당히 먼 거리입니다.
Lí zhèr kě yuǎn le
离这儿可远了。

길을 물을 때

01 중흥공원으로 가려면 어떻게 해야 합니까?

Qǐngwèn zhōng xīng gōngyuán zěnme zǒu

请问中兴公园怎么走?

„칭'원 "종"싱 "꽁,위엔 „쩐머 „쪼

---

02 백화점은 어디에 있습니까?

Bǎihuò diàn zài nǎlǐ

百货店在哪里?

„바이'훠'뎬 '짜이 „나„리

---

03 여기에서 가깝습니까?

Lí zhèr jìn ma

离这儿近吗?

,리'절 '진마

---

04 걸어서 몇 분 걸립니까?

Zǒu zhe qù yào huā jǐ fēnzhōng

走着去要花几分钟?

„쪼저 '취 '야오 "화 „지"펀"종

---

05 역까지 가는 길을 가르쳐 주세요.

Máfan nǐ gào su wǒ zěnme dào chēzhàn

麻烦你告诉我怎么到车站。

,마판 „니 '까오쑤 „워 „쩐머 '따오 "처'잔

---

06 거기까지 걸어서 갈 수 있습니까?

Néng zǒu dào nàr ma

能走到那儿吗?

,넝 „쪼'다오 '날마

07 이 주위에 지하철역은 있습니까?

Zhè fùjìn yǒu dìtiě zhàn ma
这附近有地铁站吗?
'저 '푸'진 „요 '띠„톄'잔마

08 잘못 온 것인가요?

Shì wǒ zǒu cuò le ma
是我走错了吗?
'스„워„쪼 '춰러마

09 제가 지금 있는 곳이 어디입니까?

Wǒ xiànzài zài nǎr ne
我现在在哪儿呢?
„워 '셴'자이 '짜이 „날너

10 길을 잃었습니다. 여기가 어디입니까?

Wǒ mílù le, qǐngwèn zhèlǐ shì nǎr
我迷路了, 请问这里是哪儿?
„워 ,미'루러 „칭'원 '저„리 '스 „날

11 그곳으로 가는 가장 좋은 방법은 무엇입니까?

Qù nàlǐ zěnme zǒu zuì fāngbiàn
去那里怎么走最方便?
'취'나„리 „쩐머 „쪼 '쮀이 "팡'볜

12 그곳까지 가려면 시간이 얼마나 걸립니까?

Yào qù nàlǐ děi huā duō cháng shíjiān
要去那里得花多长时间?
'야오'취 '나„리 „데이 "화 "뚸,창 ,스"첸

길을 가르쳐 줄 때

01 **저기입니다.**

Zài nà bian

在那边。

'짜이 '나볜

---

02 **곧장 가세요.**

Yì zhí zǒu jiù xíng

一直走就行。

'이,즈 „쪼 '죠,싱

---

03 **되돌아가세요.**

Nǐ děi wǎng huí zǒu

你得往回走。

„니 „데이 „왕 ,훼이„쪼

---

04 **저 빌딩입니다.**

Jiùshì nà dòng lóu

就是那栋楼。

'죠'스 '나'똥,로

---

05 **왼쪽에 절이 있습니다.**

Zuǒbiān yǒu zuò sìmiào

左边有座寺庙。

„줘"볜 „요'쭤 '쓰'먀오

---

06 **오른쪽에 병원이 있습니다.**

Yòubiān yǒu ge yīyuàn

右边有个医院。

'요"볜 „요거 "이'위엔

07 걸어서 5분 거리입니다.

Zǒu zhe qù de huà, wǔ fēnzhōng jiù dào le
走着去的话，五分钟就到了。
„쪼저 '취더 '화 „우"펀"종 '죠 '따오러

08 저도 같은 방향이니까 함께 갑시다.

Wǒ hé nǐ tóng lù, yì qǐ zǒu ba
我和你同路，一起走吧。
„워 ,허 „니 ,통'루 '이„치 „쪼바

09 여기에서 상당히 먼 거리입니다.

Lí zhèr kě yuǎn le
离这儿可远了。
,리'절 „커 „위엔러

10 경찰서에 가서 물어 볼게요.

Wǒ qù pàichūsuǒ wèn wèn
我去派出所问问。
„워'취 '파이"추„쉬 '원'원

11 여기서 2블럭 앞에 있습니다.

Wǎng qián chuānguò liǎng gè lùkǒu jiù dào le
往前穿过两个路口就到了。
„왕,첸 "촨'궈 „량'거 '루„코 '죠 '따오러

12 첫 번째 모퉁이에서 도세요.

Zài dì yī ge guǎijiǎo chù guǎiwān
在第一个拐角处拐弯。
'짜이 '띠"이거 „과이„쟈오'추 „과이"완

13 이 길을 쭉 가면 있습니다.

Zhè tiáo lù yí zhí zǒu jiù dào le

这条路一直走就到了。

'저,탸오'루 ,이,즈„쪼 '죠 '따오러

14 지도를 그려 드릴게요.

Wǒ gěi nǐ huà ge dìtú ba

我给你画个地图吧。

„워 „게이„니 '화거 '띠,투바

15 차를 타는 게 좋아요.

Nǐ zuì hǎo zuò chē

你最好坐车。

„니 '쮀이„하오 '쭤"처

16 당신은 반대 방향으로 가고 있어요.

Nǐ zǒu fǎn le

你走反了。

„니 „쪼„판러

17 길을 잘못 들었습니다.

Nǐ zǒu cuò lù le

你走错路了。

„니 „쪼'춰 '루러

18 이 근방은 잘 모릅니다.

Zhè yí dài wǒ yě bú tài shúxī

这一带我也不太熟悉。

'저 ,이'다이 „워 „예 ,부'타이 ,수"시

UNIT 02

대중교통에 관한 표현

대표 회화 알아두기

버스 정류소는 어디에 있습니까?
Gōngjiāo chē zhàn zài nǎlǐ
公交车站在哪里?

저쪽 모퉁이에 있습니다.
Zài nà ge guǎijiǎo chù
在那个拐角处。

어디까지 가십니까?
Nǐ yào dào nǎlǐ
你要到哪里?

이 주소로 데려다 주시겠어요?
Qǐng bǎ wǒ sòng dào zhè ge dì fang, kěyǐ ma
请把我送到这个地方, 可以吗?

01 버스 정류소는 어디에 있습니까?

Gōngjiāo chē zhàn zài nǎlǐ

公交车站在哪里?

"꽁"쟈오"처'잔 '짜이 „나„리

02 저쪽 모퉁이에 있습니다.

Zài nà ge guǎijiǎo chù

在那个拐角处。

'짜이 '나거 „과이„쟈오'추

03 천안문으로 가는 버스 정류소는 어디입니까?

Qù tiān ān mén de gōngjiāo chē zhàn zài nǎr

去天安门的公交车站在哪儿?

'취 "텐"안,먼더 "꽁"쟈오"처'잔 '짜이„날

04 가장 가까운 버스 승강장이 어디죠?

Lí zhèr zuìjìn de gōngjiāo chē zhàn zài nǎr

离这儿最近的公交车站在哪儿?

,리'절 '쮀이'진더 "꽁"쟈오"처'잔 '짜이„날

05 어느 버스가 시내로 가죠?

Zuò jǐ lù chē dào shì qū

坐几路车到市区?

'쭤 „지'루"처 '따오 '스"취

06 어느 버스를 타야 되나요?

Wǒ gāi zuò jǐ lù chē

我该坐几路车?

„워 "까이 '쭤 „지'루"처

07 청도행 버스는 언제 출발하죠?

Qù qīngdǎo de kèchē shénme shí hou chūfā

去青岛的客车什么时候出发?

'취 ''칭,,다오더 '커''처 ,선머,스호 ''추''파

08 상해행 버스 요금이 얼마죠?

Qù shànghǎi de chángtú chēpiào duō shao qián

去上海的长途车票多少钱?

'취 '상,,하이더 ,창,투 ''처'퍄오 ''뛰샤오,첸

09 시청을 가려면 어디서 내리죠?

Yào dào shì zhèngfǔ děi zài nǎge zhàn xià

要到市政府得在哪个站下?

'야오'다오 '스'정,,푸 ,,데이 '짜이 ,,나거'잔'샤

10 다음 버스는 몇 시입니까?

Xià yì bānchē jǐ diǎn dào

下一班车几点到?

'샤'이''빤''처 ,,지,,뎬 '따오

11 도착하면 가르쳐 주세요.

Máfan dào shí jiào wǒ yí xià

麻烦到时叫我一下。

,마판 '따오,스 '쟈오 ,,워 ,이'샤

12 여기서 내리겠습니다.

Wǒ yào zài zhèr xià

我要在这儿下。

,,워 '야오 '짜이'절 '샤

지하철을 이용할 때

01 어디서 지하철을 탈 수 있나요?

Dào nǎr kěyǐ zuò dìtiě

到哪儿可以坐地铁?

'따오 „날 „커„이 '쭤 '띠„톄

02 매표소가 어디죠?

Shòupiào chù zài nǎlǐ

售票处在哪里?

'소'퍄오'추 '짜이 „나„리

03 어느 역에서 갈아타죠?

Zài nǎge zhàn huàn chéng

在哪个站换乘?

'짜이 „나거 '잔 '환,청

04 서부역은 몇 호선입니까?

Dào xī zhàn zuò jǐ hào xiàn

到西站坐几号线?

'따오 "시'잔 '쭤 „지'하오'셴

05 3호선을 타십시오.

Zuò sān hào xiàn ba

坐三号线吧?

'쭤 "싼'하오 '셴바

06 어디서 갈아탑니까?

Dào nǎlǐ huàn chéng

到哪里换乘?

'따오 „나„리 '환,청

01 **북경(상해)까지 편도 주세요.**

Qǐng gěi wǒ yì zhāng dào běi jīng(shànghǎi) de piào

请给我一张到北京(上海)的票。

„칭 „게이„워 '이"장 '따오 „베이"징('상„하이더)더 '퍄오

---

02 **몇 등석으로 드릴까요?**

Nǐ yào shénme zuòxí de

你要什么座席的?

„니 '야오 ,선머 '쭤,시더

---

03 **심천까지 한 장 주세요.**

Gěi wǒ yì zhāng dào shēnzhèn de piào

给我一张到深圳的票。

„게이„워 '이"장 '따오 "선'전더 '퍄오

---

04 **이등석은 얼마입니까?**

Èr děng zuò yào duō shao qián

二等座要多少钱?

'알„덩'쭤 '야오 "뚸사오,첸

---

05 **이건 항주 행입니까?**

Zhè shì kāi wǎng hángzhōu de ma

这是开往杭州的吗?

'저'스 "카이„왕 ,항"조더마

---

06 **이 열차는 예정대로 출발합니까?**

Zhè chē zhèngdiǎn chūfā ma

这车正点出发吗?

'저 "처 '정„뎬 "추"파마

택시를 이용할 때

01 어디까지 가십니까?

Nǐ yào dào nǎlǐ

你要到哪里?

„니 '야오 '따오 „나„리

02 이 주소로 데려다 주시겠어요?

Qǐng bǎ wǒ sòng dào zhè ge dì fang, kěyǐ ma

请把我送到这个地方, 可以吗?

„칭 „바„워 '쏭'다오 '저거 '디팡 „커„이마

03 공항까지 요금이 얼마나 나올까요?

Dào jīchǎng xūyào duō qián ne

到机场需要多钱呢?

'따오 "지„창 "쉬'야오 "뚸,첸너

04 택시를 타면 얼마나 걸립니까?

Zuò chūzū chē yào huā duō cháng shíjiān

坐出租车要花多长时间?

'쭤 "추"주"처 '야오 "화 "뚸,창,스"젠

05 밤에는 요금이 더 드나요?

Wǎn shang chē fèi shì bu shì gèng guì yì xiē

晚上车费是不是更贵一些?

„완상 "처'페이 '스부'스 '껑 '꿰이 '이"셰

06 다 왔어요. 세워 주세요.

Dào le, qǐng tíng chē

到了, 请停车。

'따오러 „칭,팅"처

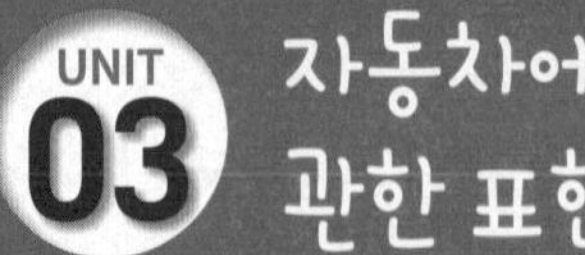

UNIT 03 자동차에 관한 표현

대표 회화 알아두기

어떤 차종을 원하십니까?
Xūyào shénme yàng de chē
需要什么样的车?

소형차를 1주일간 빌리고 싶은데요.
Wǒ xiǎng jiè ge xiǎoxíng chē yòng yì zhōu
我想借个小型车用一周。

운전면허증을 보여 주세요.
Qǐng chūshì yí xià nǐ de jiàzhào
请出示一下你的驾照。

이게 제 국제면허증입니다.
Zhè shì wǒ de guójì jiàzhào
这是我的国际驾照。

01 3일간 차를 빌리고 싶습니다.

Wǒ xiǎng zūchē, sān tiān
我想租车，三天。
„워 „샹 "쭈"처 "싼"톈

02 (확인서를 제출하며) 예약했습니다.

Yǐ jīng yùdìng hǎo le
已经预定好了。
„이"징 '위'딩 „하오러

03 어떤 차종을 원하십니까?

Xūyào shénme yàng de chē
需要什么样的车?
"쉬'야오 ,선머'양더 "처

04 소형차를 1주일간 빌리고 싶은데요.

Wǒ xiǎng jiè ge xiǎoxíng chē yòng yì zhōu
我想借个小型车用一周。
„워 „샹 '졔거 „샤오,싱"처 '용 '이 "조

05 종합보험을 들어 주세요.

Qǐng mǎi yí xià zōnghé bǎoxiǎn
请买一下综合保险。
„칭 „마이 ,이'샤 "쫑,허 „바오„셴

06 보증금은 얼마입니까?

Yājīn shì duō shao
押金是多少?
"야"진 '스 "뛰사오

01 (교통법 위반시)차에서 내리세요.

Qǐng xià chē
请下车。
„칭 '샤"처

02 무슨 일이죠? 경관님.

Shénme shì, jǐng guān
什么事, 警官?
,선머 '스 „징"관

03 경찰관, 제가 뭘 잘못 했나요?

Wǒ fàn shénme cuò le ma, jǐngguān
我犯什么错了吗, 警官?
„워 '판 ,선머 '춰러마 „징"관

04 선생님, 정지 신호에서 멈추지 않았습니다.

Xiān sheng, nǐ gāng gang chuǎng hóng dēng le
先生, 你刚刚闯红灯了。
"셴성 „니 "깡강 „촹 ,훙"덩러

05 운전면허증을 보여 주세요.

Qǐng chūshì yí xià nǐ de jiàzhào
请出示一下你的驾照。
„칭 "추'스 ,이'샤 „니더 '쟈'자오

06 이게 제 국제면허증입니다.

Zhè shì wǒ de guójì jiàzhào
这是我的国际驾照。
'저 '스 „워더 ,궈'지 '쟈'자오

01 기름은 충분한가요?

Yóu gòu ma

油够吗?

,요 '꼬마

02 연료가 떨어져 가는데요.

Yóu mǎ shang yào yòng wán le

油马上要用完了。

,요 „마상 '야오 '용,완러

03 이 근처에 주유소가 있는가요?

Zhè fùjìn yǒu jiāyóu zhàn ma

这附近有加油站吗?

'저 '푸'진 „요 "쟈,요'잔마

04 자동차에 연료가 얼마나 있죠?

Chē lǐ hái yǒu duō shao yóu

车里还有多少油?

"처„리 ,하이„요 "뚸사오 ,요

05 2번 주유기에 차를 세우세요.

Qǐng bǎ chē tíng kào zài èr hào jiā yóu qì páng

请把车停靠在2号加油器旁。

„칭 „바"처 ,팅'카오 '짜이 '알'하오 "쟈,요'치,팡

06 가득 채워 주세요.

Gěi wǒ jiā mǎn

给我加满。

„게이„워 "쟈„만

01 주차장이 어디에 있습니까?

Tíngchē chăng zài nălǐ

停车场在哪里?

,팅"처„창 '짜이 „나„리

02 여기에 주차할 수 있습니까?

Wŏ kěyǐ bă chē tíng zài zhèlǐ ma

我可以把车停在这里吗?

„워 „커„이 „바"처 ,팅'자이 '저„리마

03 시간당 주차료가 얼마입니까?

Měi xiăoshí tíngchē fèi shì duō shao

每小时停车费是多少?

„메이 „샤오,스 ,팅"처'페이 '스 "뚸사오

04 여기는 무료 주차장입니다.

Zhèlǐ shì miănfèi tíngchē chăng

这里是免费停车场。

'저„리 '스 „몐'페이 ,팅"처„창

05 이곳은 견인지역입니다.

Zhèlǐ shì tuōchē qū duàn

这里是拖车区段。

'저„리 '스 "퉈"처 "취'돤

06 세차 좀 해 주세요.

Qǐng xǐ xià chē

请洗下车。

„칭 „시'샤 "처

01 제 차를 점검해 주시겠어요?

Kěyǐ jiǎnxiū yí xià wǒ de chē ma
可以检修一下我的车吗?
„커„이 „졘"슈 ,이'샤 „워더 "처마

02 차에 펑크났어요.

Wǒ de lúntāi bào le
我的轮胎爆了。
„워더 ,룬"타이 '빠오러

03 시동이 안 걸립니다.

Chē wúfǎ qǐdòng
车无法启动。
"처 ,우„파 „치'동

04 엔진에서 이상한 소리가 나요.

Fādòngjī yǒu yì xiǎng
发动机有异响。
"파'동"지 „요 '이„샹

05 오일이 샙니다.

Lòu yóu le
漏油了。
'로 ,요러

06 차에 배터리가 나갔어요.

Chē shàng de xùdiànchí yòng wán le
车上的蓄电池用完了。
"처'상더 '쉬'뎬,츠 '용,완러

PART 8

쇼핑표현

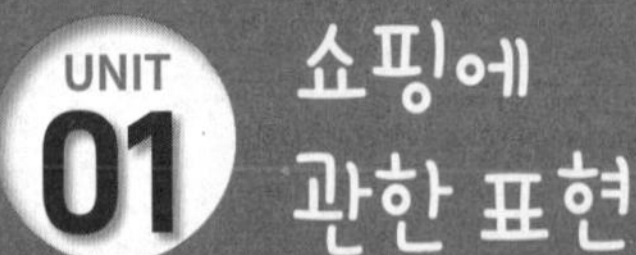

UNIT 01 쇼핑에 관한 표현

대표 회화 알아두기

어서 오십시오. 무엇을 찾으십니까?

Huānyíng guānglín　Nǐ yào zhǎo shénme

欢迎光临。你要找什么?

괜찮습니다. 그냥 좀 구경하고 있습니다.

Bú yòng le,　zhǐshì kàn kàn

不用了, 只是看看。

이 물건 있습니까?

Yǒu zhège ma

有这个吗?

마침 그 물건이 떨어졌습니다.

Nà ge gāng hǎo mài wán le

那个刚好卖完了。

가게를 찾을 때

01 여기서 가장 가까운 쇼핑센터는 어디입니까?

Lí zhèr zuìjìn de gòuwù zhōng xīn zài nǎlǐ

离这儿最近的购物中心在哪里?

,리'절 '쮀이 '진더 '꼬'우 "종"신 '짜이 „나„리

02 실례합니다. 백화점은 어디 있습니까?

Duì bu qǐ, qǐngwèn bǎihuò diàn zài nǎlǐ

对不起, 请问百货店在哪里?

'뛔이부„치 „칭'원 „바이'훠'뎬 '짜이 „나„리

03 이 도시에서 가장 큰 백화점은 어디입니까?

Zhège chéngshì zuìdà de bǎihuò diàn zài nǎlǐ

这个城市最大的百货店在哪里?

'저거 ,청'스 '쮀이 '따더 „바이'훠'뎬 '짜이 „나„리

04 여기서 가장 가까운 편의점은 어디에 있습니까?

Lí zhèr zuìjìn de biànlì diàn zài nǎlǐ

离这儿最近的便利店在哪里?

,리'절 '쮀이 '진더 '볜'리'뎬 '짜이 „나„리

05 매장 안내소는 어디입니까?

Nǎ lǐ yǒu fúwù tái

哪里有服务台?

„나„리 „요 ,푸'우,타이

06 그건 어디서 살 수 있습니까?

Zài nǎlǐ kěyǐ mǎi dào nà ge

在哪里可以买到那个?

'짜이 „나„리 „커„이 „마이'다오 '나거

01 어서 오십시오.

Huānyíng guānglín
欢迎光临。
"환,잉 "꽝,린

02 무엇을 찾으십니까?

Nǐ yào zhǎo shénme
你要找什么?
„니 '야오 „자오 ,선머

03 괜찮습니다. 그냥 좀 구경하고 있습니다.

Bú yòng le, zhǐshì kàn kàn
不用了, 只是看看。
,부 '용러 „즈'스 '칸'칸

04 그렇게 하세요. 천천히 보세요.

Qǐng biàn, qǐng màn màn kàn
请便, 请慢慢看。
„칭 '볜 „칭 '만'만 '칸

05 저거 보여 주시겠어요?

Kěyǐ gěi wǒ kàn yí xià nà ge ma
可以给我看一下那个吗?
„커„이 „게이„워 '칸,이'샤 '나거마

06 이 물건 있습니까?

Yǒu zhège ma
有这个吗?
„요 '저거마

07 마침 그 물건이 떨어졌습니다.

Nà ge gāng hǎo mài wán le

那个刚好卖完了。

'나거 ''깡„하오 '마이,완러

08 즉시 갖다 드리겠습니다.

Wǒ mǎshàng ná guòlái

我马上拿过来。

„워 „마'상 ,나'궈,라이

09 이것은 어떻습니까?

Zhège rúhé

这个如何?

'저거 ,루,허

10 몇 가지 더 보여 주시겠어요?

Kěyǐ zài kàn kàn jǐ ge bié de ma

可以再看看几个别的吗?

„커„이 '짜이 '칸'칸 „지거 ,볘더마

11 이걸 주세요.

Gěi wǒ zhège

给我这个。

„게이„워 '저거

12 마음에 든 것이 없습니다.

Méiyǒu zhòngyì de

没有中意的。

,메이„요 '종'이더

물건 구입에 관한 표현

QR코드 음원

대표 회화 알아두기

어때요, 잘 맞습니까?

Zěnme yàng, héshì ma

怎么样，合适吗?

당신에게 아주 잘 어울리는데요.

Tǐng shìhé nín de

挺适合您的。

고르는걸 도와 주시겠습니까?

Nǐ néng bāng wǒ tiāo yí xià ma

你能帮我挑一下吗?

기꺼이 도와 드리죠.

Lèyì xiàoláo

乐意效劳。

01 입어 봐도 되겠습니까?

Wǒ kěyǐ shì chuān yí xià ma

我可以试穿一下吗?

„워 „커„이 '스"촨 ,이'샤마

02 내 사이즈에 맞는 게 있습니까?

Yǒu mei yǒu shìhé wǒ de chǐ cun

有没有适合我的尺寸?

„요메이„요 '스,허 „워더 „츠춘

03 색상이 다른 건 있습니까?

Yǒu bié de yánsè ma

有别的颜色吗?

„요 ,볘더 ,옌'써마

04 어때요, 잘 맞습니까?

Zěnme yàng, héshēn ma

怎么样, 合身吗?

„쩐머'양 ,허"선마

05 당신에게 아주 잘 어울리는데요.

Tǐng shìhé nín de

挺适合您的。

„팅 '스,허 ,닌더

06 저에게 맞지 않습니다.

Bú tài shìhé wǒ

不太适合我。

,부'타이 '스,허 „워

07 저에게 잘 맞습니다.

Tǐng shìhé wǒ de

挺适合我的。

„팅 '스,허 „워더

08 별로 마음에 안 들어요.

Bú tài xǐ huan

不太喜欢。

,부'타이 „시환

09 이건 너무 꽉 끼는데요(헐렁해요).

Zhè tài jǐn (sōng) le

这太紧(松)了。

'저 '타이 „진("쏭)러

10 더 큰 것은 없나요?

Yǒu mei yǒu gèng dà de

有没有更大的?

„요메이„요 '껑 '따더

11 이 스웨터 빨간색 있어요?

Zhè máo shān yǒu hóngsè de ma

这毛衫有红色的吗?

'저 ,마오"산 „요 ,훙'써더마

12 이 셔츠는 물세탁이 가능합니다.

Zhè jiàn chènshān kěyǐ shuǐxǐ

这件衬衫可以水洗。

'저'젠 '천"산 „커„이 „쉐이„시

13 제 신발 사이즈를 좀 재주세요.

Qǐng liáng yí xià wǒ de jiǎo

请量一下我的脚。

„칭 ,량 ,이'샤 „워더 „쟈오

14 구두가 너무 꼭 끼어서 아파요.

Píxié tài jǐn, jǐ jiǎo

皮鞋太紧，挤脚。

,피,세 '타이 „진 „지„쟈오

15 이 신발이 딱 맞습니다.

Zhè shuāng xié dàxiǎo zhèng héshì

这双鞋大小正合适。

'저''솽 ,셰 '따„샤오 '정 ,허'스

16 이 사이즈로 다른 걸 보여 주세요.

Wǒ xiǎng kàn kàn bié de tóngyàng chǐ cun de

我想看看别的同样尺寸的。

„워 „샹 '칸'칸 ,베더 ,통'양 „츠춘더

17 어떤 사이즈를 입으세요(찾으세요)?

Nín chuān (zhǎo) duōdà chǐcun de

您穿(找)多大尺寸的?

,닌 ''촨(„자오) ''뚸'다 „츠춘더

18 지금 유행하고 있는 것이 뭔가요?

Xiànzài liúxíng shénme

现在流行什么?

'셴'자이 ,료,싱 ,선머

01 이 소재는 무엇입니까?

Zhè shì yòng shénme cáizhì zuò de
这是用什么材质做的?
'저'스 '용 ,선머 ,차이'즈 '쭤더

02 이 가방은 비닐제품으로 매우 튼튼해요.

Zhè bāo shì yòng sùliào zuò de, hěn jiēshi
这包是用塑料做的，很结实。
'저 "빠오'스 '용 '쑤'랴오 '쭤더 „헌 "제스

03 이건 인조 가죽입니까?

Zhè shì rén zào gé de ma
这是人造革的吗?
'저'스 ,런'짜오,거더마

04 모자 있습니까?

Yǒu màozi mài ma
有帽子卖吗?
„요 '마오즈 '마이마

05 이 모양으로 검정색은 있습니까?

Tóngyàng de yǒu hēisè de ma
同样的有黑色的吗?
,통'양더 „요 "헤이'써더마

06 다른 디자인은 있습니까?

Yǒu mei yǒu bié de yàngshì
有没有别的样式?
„요메이„요 ,볘더 '양'스

01 립스틱을 하나 사려고 하는데요.

Wǒ xiǎng mǎi zhī kǒuhóng
我想买支口红。
„워 „샹 „마이"즈 „코,홍

02 여기 샘플이 있습니다. 발라 보세요.

Zhè lǐ yǒu yàngpǐn, qǐng shì shì kàn
这里有样品，请试试看。
'저„리 „요 '양„핀 „칭 '스'스 '칸

03 어떤 피부를 가지고 계신가요?

Nǐ shì shénme fū zhì de
你是什么肤质的？
„니 '스 ,선머 "푸'즈더

04 피부가 건조하시군요.

Nín de pífū yǒu diǎn gānzào
您的皮肤有点干燥。
,닌더 ,피"푸 „요„뎬 "깐'짜오

05 보석 매장은 어디죠?

Nǎr yǒu zhū bǎo diàn
哪儿有珠宝店？
„날 „요 "주„바오'뎬

06 끼워봐도 되나요?

Wǒ néng shì dài yí xià ma
我能试戴一下吗？
„워 ,넝 '스'따이 ,이'샤마

01 고르는걸 도와주시겠습니까?

Nǐ néng bāng wǒ tiāo yí xià ma

你能帮我挑一下吗?

„니 ‚넝 ''빵„워 ''탸오 ‚이'샤마

02 기꺼이 도와 드리죠.

Lèyì xiàoláo

乐意效劳。

'러'이 '샤오‚라오

03 당신이 쓰실 건가요?

Shì nín yòng de ma

是您用的吗?

'스 ‚닌 '용더마

04 제 아들에게 줄 기념품을 사고 싶습니다.

Wǒ xiǎng gěi wǒ érzi mǎidiǎn jìniànpǐn

我想给我儿子买点纪念品。

„워 „샹 „게이„워 ‚알즈 „마이„덴 '지'녠„핀

05 이 지방의 대표적인 공예품을 찾고 있습니다.

Wǒ xiǎng zhǎo yǒu dāngdì tèsè de gōngyìpǐn

我想找有当地特色的工艺品。

„워 „샹 „자오 „요 ''당'디 '터'써더 ''공'이„핀

06 제 아내한테 줄 선물로 무엇이 좋을까요?

Shénme lǐpǐn shìhé sòng wǒ qīzi ne

什么礼品适合送我妻子呢?

‚선머 „리„핀 '스‚허 '쏭 „워 ''치즈너

07 어떤 카메라를 원하십니까?

Nín xūyào shénme yàng de xiàngjī
您需要什么样的相机?
,닌 ''쉬'야오 ,선머'양더 '샹''지

08 저 카메라를 좀 보고 싶습니다.

Wǒ xiǎng kàn kàn nà xiàngjī
我想看看那相机。
„워 „샹 '칸'칸 '나 '샹''지

09 이건 어때요? 전자동 카메라입니다.

Zhège rúhé Shì quán zìdòng xiàngjī
这个如何? 是全自动相机。
'저거 ,루,허 '스 ,취엔'쯔'동 '샹''지

10 이게 가장 최신 모델인가요?

Zhè shì zuìxīn xíng hào ma
这是最新型号吗?
'저'스 '쮀이''신 ,싱'하오마

11 리모컨도 딸려 나오나요?

Dài bu dài yáo kòng qì
带不带遥控器?
'따이부'따이 ,야오'콩'치

12 이게 동작(정지) 버튼입니다.

Zhè shì kāishǐ (tíngzhǐ) ànniǔ
这是开始(停止)按钮。
'저'스 ''카이„스 (,팅„즈) '안„뇨

대표 회화 알아두기

깎아주면 살게요.
Rú guǒ nǐ néng pián yi wǒ jiù mǎi
如果你能便宜我就买。

이것은 할인이 안됩니다.
Zhè bù néng dǎ zhé de
这不能打折的。

현금으로 지불하시겠습니까, 혹은 카드로?
Yòng xiànjīn hái shi xìnyòngkǎ
用现金还是信用卡?

신용카드를 쓰겠습니다.
Wǒ yào yòng xìnyòngkǎ
我要用信用卡。

물건값을 흥정할 때

01 이건 얼마입니까?

Zhè ge duō shao qián

这个多少钱?

'저거 "뚸사오 ,쳰

---

02 너무 비쌉니다.

Tài guì le

太贵了。

'타이 '꿰이러

---

03 더 싼 것은 없습니까?

Yǒu mei yǒu gèng pián yi de

有没有更便宜的?

„요메이 „요 '껑 ,폔이더

---

04 깎아줄래요?

Néng bu néng pián yi diǎn

能不能便宜点?

,넝부,넝 ,폔이 „뎬

---

05 깎아주면 살게요.

Rú guǒ nǐ néng pián yi wǒ jiù mǎi

如果你能便宜我就买。

,루 „궈 „니 ,넝 ,폔이 „워 '죠 „마이

---

06 이것은 할인이 안됩니다.

Zhè bù néng dǎ zhé de

这不能打折的。

'저 '부,넝 „따,저더

01 **어디서 계산을 하죠?**

Zài nǎlǐ fù qián
在哪里付钱?
'짜이 „나„리 '푸,첸

---

02 **저쪽 계산대에서 합니다.**

Zài nà biān de shōuyín tái
在那边的收银台。
'짜이 '나"벤더 "소,인,타이

---

03 **합계가 얼마입니까?**

Zǒnggòng duō shao
总共多少?
„종'공 "뚸사오

---

04 **아! 맞다, 이 셔츠도 계산에 넣어 주세요.**

Ò, duì le Zhè jiàn chènshān yě suàn zài yì qǐ
哦, 对了。这件衬衫也算在一起。
'오 '뒈이러 '저'젠 '천"산 „예 '쏸'자이 '이„치

---

05 **현금으로 지불하시겠습니까, 혹은 카드로?**

Yòng xiànjīn hái shi xìnyòngkǎ
用现金还是信用卡?
'용 '셴"진 ,하이스 '신'용 „카

---

06 **비자와 마스터 카드 둘 다 사용 가능합니다.**

Visa kǎ hé Master kǎ dōu kěyǐ yòng
Visa卡和Master卡都可以用。
비자„카 ,허 마스터 „카"도 „커„이 '용

07 신용카드를 쓰겠습니다.

Wǒ yào yòng xìnyòngkǎ

我要用信用卡。

„워 '야오 '용 '신'용 „카

08 여기 거스름돈이 있습니다.

Zhè shì zhǎo líng

这是找零。

'저 '스 „자오 ,링

09 혹시 계산이 틀리지 않았습니까?

Nǐ méi suàn cuò ba

你没算错吧?

„니 ,메이 '쏸'춰바

10 거스름돈이 모자라는 것 같군요.

Qián zhǎo shǎo le

钱找少了。

,첸 „자오„사오러

11 영수증 좀 끊어 주세요.

Gěi wǒ kāi ge fāpiào ba

给我开个发票吧。

„게이„워 "카이거 "파'퍄오바

12 영수증을 받으십시오.

Qǐng ná hǎo fāpiào

请拿好发票。

„칭 ,나 „하오 "파'퍄오

포장&배달에 관한 표현

QR코드 음원

대표 회화 알아두기

이 스커트를 환불받고 싶은데요.

Wǒ xiǎng tuì zhè tiáo qúnzi

我想退这条裙子。

물론이죠. 영수증 가시고 계십니까?

Dāngrán, nín yǒu fāpiào ma

当然，您有发票吗?

이 주소로 이걸 배달해 주시겠어요?

Kěyǐ sòng dào zhège dìzhǐ ma

可以送到这个地址吗?

물론이죠.

Dāngrán

当然。

포장을 부탁할 때

01 **포장을 해 주시겠어요?**

Kěyǐ bāozhuāng yí xià ma

可以包装一下吗?

„커„이 "빠오"좡 ,이'샤마

02 **이걸 선물용으로 포장해 주시겠어요?**

Kěyǐ gěi bāozhuāng chéng lǐpǐn ma

可以给包装成礼品吗?

„커„이 „게이 "빠오"좡 ,청 „리 „핀마

03 **이거 넣을 수 있는 박스 좀 얻을 수 있을까요?**

Néng gěi wǒ ge hézi zhuāng zhège ma

能给我个盒子装这个吗?

,넝 „게이 „워거 ,허즈 "좡 '저거마

04 **포장 후 리본으로 묶어 주세요.**

Bāozhuāng hòu yòng sīdài jì yí xià

包装后用丝带系一下。

"빠오"좡 '호'용 "쓰'다이 '지 ,이'샤

05 **이걸 따로따로 포장해 주세요.**

Zhèxiē fēnkāi bāozhuāng

这些分开包装。

'저"셰 "펀"카이 "빠오"좡

06 **예쁘게 포장해 주세요.**

Qǐng bào piào liang yì diǎn o

请抱漂亮一点哦。

„칭 '빠오 '퍄오량 '이 „뎬 오

01 **배달해 주나요?**

Kěyǐ sòng huò ma

可以送货吗?

„커„이 '쏭'훠마

---

02 **이 주소로 이걸 배달해 주시겠어요?**

Kěyǐ sòng dào zhège dìzhǐ ma

可以送到这个地址吗?

„커„이 '쏭'다오 '저거 '띠 „즈마

---

03 **배달비는 따로 내야 합니까?**

Sòng huò fèi yào lìng fù ma

送货费要另付吗?

'쏭'훠'페이 '야오 '링'푸마

---

04 **이것들을 한국으로 보내 주시겠어요?**

Zhèxiē kěyǐ sòng dào hánguó ma

这些可以送到韩国吗?

'저''셰 „커 „이 '쏭'다오 ,한,궈마

---

05 **이걸 교환해 주시겠어요?**

Zhège néng gěi huàn ma

这个能给换吗?

'저거 ,넝 „게이 '환마

---

06 **이 스커트를 환불받고 싶은데요.**

Wǒ xiǎng tuì zhè tiáo qúnzi

我想退这条裙子。

„워 „샹 '퉤이 '저 ,탸오 ,췬즈

07 때가 묻었습니다.

Zhège yǒudiǎn zàng le

这个有点脏了。

'저거 „요„덴 '짱러

08 깨져 있습니다.

Zhège bèi nòng pò le

这个被弄破了。

'저거 '베이 '농'포러

09 찢어있습니다.

Zhè lǐ yǒu lièkǒu

这里有裂口。

'저 „리 „요 '례„코

10 불량품인 것 같은데요.

Zhè hǎoxiàng shì cì pǐn

这好像是次品。

'저 „하오'샹 '스 '츠„핀

11 물론이죠. 영수증 가시고 계십니까?

Dāngrán, nín yǒu fāpiào ma

当然，您有发票吗?

"땅,란 ,닌 „요 "파'퍄오마

12 이것이 영수증입니다.

Zhè shì fāpiào

这是发票。

'저'스 "파'퍄오

격하게 중국어로 토킹하기

PART 9

식사표현

식사 제의에 관한 표현

QR코드 음원

대표 회화 알아두기

어디 특별히 좋다고 생각한 곳 있으세요?

Nǐ yǒu xiǎng hǎo de dì fang ma

你有想好的地方吗?

한국 식당으로 갑시다.

Wǒ men qù hán guó cān tīng ba

我们去韩国餐厅吧。

나가서 먹는 게 어때?

Chūqù chī rúhé

出去吃如何?

자 갑시다! 제가 살게요.

Hǎo, zǒu ba Wǒ qǐngkè

好, 走吧! 我请客。

식사를 제의할 때

01 **우리 점심 식사나 같이 할까요?**

Wǒmen yì qǐ chī wǔfàn hǎo ma

我们一起吃午饭好吗?

„워먼 '이 „치 "츠 „우'판 „하오마

---

02 **저녁 식사 같이 하시겠어요?**

Qǐngwèn kěyǐ yǔ wǒ gòng jìn wǎncān ma

请问可以与我共进晚餐吗?

„칭'원 „커„이„위 „워 '꽁'진 „완"찬마

---

03 **내일 저녁 식사 같이 하러 가실까요?**

Míngtiān wǎn shang yì qǐ chīfàn ba

明天晚上一起吃饭吧?

,밍"톈 „완상 '이 „치 "츠'판바

---

04 **오늘 저녁에 외식하자.**

Jīnwǎn jiù chūqù chī ba

今晚就出去吃吧。

"진 „완 '죠 "추'취 "츠바

---

05 **나가서 먹는 게 어때?**

Chūqù chī rúhé

出去吃如何?

"추'취 "츠 ,루,허

---

06 **언제 시간 나면 같이 식사나 합시다.**

Shénme shí hou yǒu kòng yì qǐ chī ge fàn ba

什么时候有空一起吃个饭吧。

,선머 ,스호 „요'콩 '이„치 "츠거 '판바

자신이 사겠다고 할 때

01 **제가 낼게요.**

Wǒ qǐngkè
我请客。
„워 „칭'커

---

02 **자 갑시다! 제가 살게요.**

Hǎo, zǒu ba Wǒ qǐngkè
好, 走吧! 我请客。
„하오 „쪼바 „워 „칭'커

---

03 **오늘 저녁을 제가 사겠습니다.**

Jīnwǎn wǒ qǐngkè
今晚我请客。
"진 „완 „워 „칭'커

---

04 **당신에게 특별히 한턱내고 싶습니다.**

Wǒ xiǎng hǎo hāor qǐng nǐ yí xià
我想好好儿请你一下。
„워 „샹 „하오"할 „칭„니 ,이'샤

---

05 **내가 초대했으니 내가 내야지.**

Shì wǒ qǐng nǐmen, dāngrán shì wǒ mǎidān
是我请你们, 当然是我买单。
'스 „워 „칭 „니먼 "땅,란 '스 „워 „마이'단

---

06 **다음에 네가 사.**

Xià cì nǐ qǐng
下次你请。
'샤'츠 „니 „칭

식당을 결정할 때

01 어디 특별히 좋다고 생각한 곳 있으세요?

Nǐ yǒu xiǎng hǎo de dì fang ma

你有想好的地方吗?

„니 „요 „샹 „하오더 '디팡마

02 뭘 드시고 싶으세요. 한식, 양식?

Xiǎng chī diǎn shénme Hánguó liàolǐ háishi xīcān

想吃点什么? 韩国料理还是西餐?

„샹 ''츠 „뎬 ,선머 ,한,궈 '랴오„리 ,하이스 ''시''찬

03 집 근처에 새로 생긴 곳이 하나 있는데.

Wǒjiā fùjìn yǒu ge xīn kāi de diàn

我家附近有个新开的店。

„워''쟈 '푸'진 „요거 ''신''카이더 '뎬

04 점심 식사할 만한 좋은 식당 하나 추천해 주시겠어요?

Tuījiàn yí ge shìhé chī wǔfàn de dì fang hǎo ma

推荐一个适合吃午饭的地方好吗?

''퉤이'젠 ,이거 '스,허 ''츠 „우'판더 '디팡 „하오마

05 이 근처에 맛있는 레스토랑은 없습니까?

Zhè fùjìn méiyǒu bú cuò de xī cāntīng ma

这附近没有不错的西餐厅吗?

'저 '푸'진 ,메이 „요 ,부'춰더 ''시''찬''팅마

06 한국 식당으로 갑시다.

Wǒ men qù hán guó cān tīng ba

我们去韩国餐厅吧。

„워먼 '취 ,한 ,궈 ''찬''팅 바

식당 예약에 관한 표현

대표 회화 알아두기

오늘 저녁에 식사예약을 하고 싶습니다.

Wǒ xiǎng dìngcān, jīntiān wǎn shang de

我想订餐，今天晚上的。

성함이 어떻게 되시죠?

Qǐngwèn nín guì xìng

请问您贵姓?

몇 분이십니까?

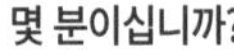

Nǐmen yí gòng jǐ wèi, xiān sheng

你们一共几位，先生?

두 사람 좌석을 주십시오.

Qǐng zhǎo yì zhāng shuāngrén zhuō

请找一张双人桌。

01 두 사람 식사예약을 하고 싶습니다.

Wǒ yào dìngcān, liǎng ge rén
我要订餐，两个人。
„워 '야오 '띵''찬 „량거 ,런

02 오늘 저녁에 식사예약을 하고 싶습니다.

Wǒ xiǎng dìngcān, jīntiān wǎn shang de
我想订餐，今天晚上的。
„워 „샹 '띵''찬 ''진''텐 „완상더

03 성함이 어떻게 되시죠?

Qǐngwèn nín guì xìng
请问您贵姓?
„칭'원 ,닌 '꿰이'싱

04 손님은 몇 분입니까?

Kèrén yí gòng jǐ wèi
客人一共几位?
'커,런,이'공 „지'웨이

05 오후 6시 30분에 5명이 갑니다.

Wǔ ge rén, xiàwǔ liù diǎn bàn dào
五个人，下午六点半到。
„우거,런 '샤„우 '료„덴'빤 '따오

06 복장에 대해서 규제는 있습니까?

Yǒu mei yǒu duì fúzhuāng de yāoqiú
有没有对服装的要求?
„요메이„요 '뛔이 ,푸''좡더 ''야오,쵸

식당 입구에서

01 도와 드릴까요?

Yǒu shénme kěyǐ bāngmáng de ma
有什么可以帮忙的吗?
„요 ,선머 „커„이 ''빵,망더마

02 두 사람 좌석을 예약했는데요.

Wǒ yùdìngguò, liǎng ge rén
我预订过, 两个人。
„워 '위'딩'궈 „량거 ,런

03 아, 예, 이쪽으로 오십시오.

À, shì Lǐbian qǐng
啊, 是。里边请。
'아 '스 „리볜 „칭

04 예약은 하지 않았습니다.

Wǒ méiyǒu yùdìng
我没有预订。
„워 ,메이„요 '위'딩

05 식당에 제 시간에 못 갈 것 같습니다.

Kěnéng wúfǎ ànshí qù nǐmen fàndiàn
可能无法按时去你们饭店。
„커,넝 ,우„파 '안,스 '취 „니먼 '판'뎬

06 몇 분이십니까?

Nǐmen yí gòng jǐ wèi, xiān sheng
你们一共几位, 先生?
„니먼 ,이'공 „지'웨이 ''셴성

07 두 사람 좌석을 주십시오.

Qǐng zhǎo yì zhāng shuāngrén zhuō

请找一张双人桌。

„칭„자오 '이"장 "솽 ,런"쥒

08 세 사람 좌석을 원합니다.

Wǒ yào sān rén zhuō

我要三人桌。

„워 '야오 "싼 ,런"쥒

09 창가쪽으로 부탁합니다.

Wǒ xiǎng yào chuāng tái fù jìn de

我想要窗台附近的。

„워 „샹'야오 "촹 ,타이 '푸'진더

10 금연석을 부탁합니다.

Wǒ yào fēi xīyān qū

我要非吸烟区。

„워 '야오 "페이"시"옌"취

11 지금 자리가 다 찼는데요.

Xiànzài méi wèizi le

现在没位子了。

'셴'자이 ,메이 '웨이즈러

12 어느 정도 기다려야 합니까?

Yào děng duō cháng shíjiān

要等多长时间?

'야오„덩 "뚸,창 ,스"젠

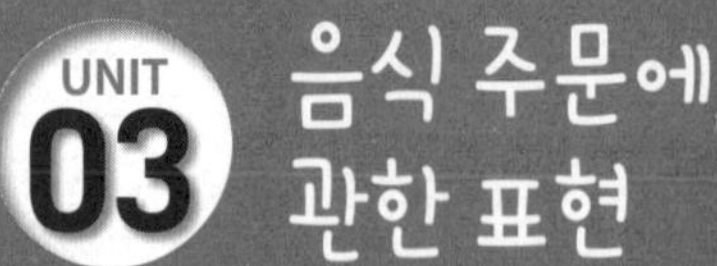

이제 주문하시겠습니까?
Xiànzài diǎn cài ma
现在点菜吗?

추천 요리는 무엇입니까?
Yǒu shénme tèsè cài
有什么特色菜?

다른 것을 더 드시겠습니까?
Hái xūyào shénme ma
还需要什么吗?

아니, 됐습니다. 맛있었습니다.
Hǎo le, bú yòng le Chī de hěn hǎo
好了, 不用了。吃得很好。

01 메뉴 좀 볼 수 있을까요?

Kěyǐ kàn yí xià càidān ma

可以看一下菜单吗?

„커„이 '칸,이'샤 '차이''단마

---

02 메뉴 여기 있습니다.

Qǐng kàn càidān

请看菜单。

„칭'칸 '차이''단

---

03 이제 주문하시겠습니까?

Xiànzài diǎn cài ma

现在点菜吗?

'셴'자이 „뎬'차이마

---

04 주문을 하고 싶은데요.

Wǒ xiǎng diǎn cài

我想点菜。

„워 „샹 „뎬'차이

---

05 추천 요리는 무엇입니까?

Yǒu shénme tèsè cài

有什么特色菜?

„요 ,선머 '터'서 '차이

---

06 이건 어떤 맛입니까?

Zhège wèidào zěnme yàng

这个味道怎么样?

'저거 '웨이'다오 „쩐머'양

07 이걸 부탁합니다.

Wǒ yào zhège
我要这个。
„워 '야오 '저거

08 저도 같은 걸 부탁드립니다.

Wǒ yě yào tóngyàng de
我也要同样的。
„워 „예 '야오 ,통'양더

09 요리는 어떻게 익혀 드릴까요?

Cài yào jǐ fēn shú
菜要几分熟?
'차이 '야오 „지"펀 ,수

10 마실 것은 무엇으로 하시겠습니까?

Jiǔshuǐ yào shén me
酒水要什么?
„죠„쉐이 '야오 ,선머

11 디저트는 어떻게 하시겠습니까?

Yào shénme diǎn xin
要什么点心?
'야오 ,선머 „덴신

12 다른 주문은 없습니까?

Jiù zhè xiē le ma
就这些了吗?
'죠 '저"셰러마

01 주문한 음식이 아직 안 나왔습니다.

Wǒ diǎn de cài hái méi shàng ne

我点的菜还没上呢。

„워 „뎬더 '차이 ,하이 ,메이 '상너

02 아직 시간이 많이 걸립니까?

Hái yào děng hǎo cháng shíjiān ma

还要等好长时间吗?

,하이 '야오 „덩 „하오 ,창 ,스"젠마

03 서비스가 더디군요.

Nǐmen hǎo màn a

你们好慢啊。

„니먼 „하오 '만아

04 이건 주문하지 않았습니다.

Zhège bú shì wǒ diǎn de

这个不是我点的。

'저거 ,부'스 „워 „뎬더

05 수프에 뭐가 들어 있어요.

Tāng lǐ yǒu zá wù

汤里有杂物。

"탕„리 „요 ,짜'우

06 음식에 이상한 것이 들어 있어요.

Cài lǐmiàn yǒu bié de qíguài de dōng xi

菜里面有别的奇怪的东西。

'차이 „리'멘 „요 ,볘더 ,치'과이더 "동시

07 다시 가져다 주시겠어요?

Kěyǐ huàn yì pán ma

可以换一盘吗?

„커„이 '환 '이,판마

08 이 고기는 충분히 익지 않았는데요.

Zhè ròu hái méi shú

这肉还没熟。

'저 '로 ,하이 ,메이 ,수

09 좀 더 구워 주시겠어요?

Néng bu néng ná qù zài kǎo yí huìr

能不能拿去再烤一会儿?

,넝부 ,넝 ,나'취 '짜이 „카오 ,이'훨

10 이 음식이 상한 것 같아요.

Zhè cài hǎoxiàng biàn zhì le

这菜好像变质了。

'저 '차이 „하오'샹 '볜'즈러

11 주문을 바꿔도 될까요?

Wǒ kěyǐ huàn yí dào cài ma

我可以换一道菜吗?

„워 „커„이 '환 ,이'다오 '차이마

12 주문을 취소하고 싶은데요.

Wǒ xiǎng qǔxiāo xiānqián diǎn de cài

我想取消先前点的菜。

„워 „샹 „취"샤오 "셴,첸 „뎬더 '차이

추가하거나 필요한 것을 부탁할 때

01 다른 것을 더 드시겠습니까?

Hái xūyào shénme ma

还需要什么吗?

,하이 "쉬'야오 ,선머마

02 뭐 다른 것을 더 가져다 드릴게 있나요?

Xūyào shàng bié de shénme ma

需要上别的什么吗?

"쉬'야오 '상 ,볘더 ,선머마

03 아니, 됐습니다. 맛있었습니다.

Hǎo le, bú yòng le Chī de hěn hǎo

好了, 不用了。吃得很好。

„하오러 ,부'용러 "츠더 „헌 „하오

04 커피를 한 잔 더 드릴까요?

Hái yào yì bēi kāfēi ma

还要一杯咖啡吗?

,하이 '야오 '이"베이 "카"페이마

05 네, 주세요. 좀 마시고 싶군요.

Hǎo, shàng ba, xiǎng hē diǎn

好, 上吧, 想喝点。

„하오 '상바 „샹"허„뎬

06 이 접시들 좀 치워 주시겠어요?

Kěyǐ ná zǒu zhè xiē pánzi ma

可以拿走这些盘子吗?

„커„이 ,나„쪼 '저"셰 ,판즈마

대표 회화 알아두기

여기 자주 오세요?
Nǐ cháng lái zhèlǐ ma
你常来这里吗?

이 식당은 음식을 잘 해요.
Zhè cāntīng zuò de cài bú cuò
这餐厅做的菜不错。

맛이 어떻습니까?
Wèidao zěnme yàng
味道怎么样?

아주 맛있는데요.
Fēicháng hǎo chī
非常好吃。

01 이 식당은 항상 붐벼요.

Zhè jiā diàn zǒng shì rén duō
这家店总是人多。
'저"쟈 '뎬 „쫑'스 ,런"둬

02 이 식당은 음식을 잘 해요.

Zhè cāntīng zuò de cài bú cuò
这餐厅做的菜不错。
'저 "찬"팅 '쭤더 '차이 ,부'춰

03 여기 자주 오세요?

Nǐ cháng lái zhèlǐ ma
你常来这里吗?
„니 ,창 ,라이 '저 „리마

04 여기서 종종 만나는군요.

Zài zhèr kěyǐ jīngcháng jiàn dào nǐ a
在这儿可以经常见到你啊。
'짜이'절 „커„이 "징,창 '젠'다오 „니아

05 여기 분위기를 좋아해요.

Wǒ tǐng xǐ huan zhèlǐ de qìfēn
我挺喜欢这里的气氛。
„워 „팅 „시환 '저 „리더 '치"펀

06 이 집은 새우가 일품입니다.

Zhè jiā diàn de dà xiā kān chēng yì jué
这家店的大虾堪称一绝。
'저"쟈 '뎬더 '따"샤 "칸"청 '이,쥐에

01 **전 뭐든 잘 먹어요.**

Wǒ shénme dōu chī
我什么都吃。
„워 ,선머 "도 "츠

02 **전 식성이 까다로워요.**

Wǒ hěn tiāozuǐ
我很挑嘴。
„워 „헌 „탸오„쮀이

03 **저는 돼지고기를 못 먹어요.**

Wǒ bù chī zhūròu
我不吃猪肉。
„워 '부"츠 "주'로

04 **저는 매운 음식을 좋아하지 않습니다.**

Wǒ bù xǐ huan chī là de
我不喜欢吃辣的。
„워 '부„시환 "츠 '라더

05 **저는 단 것을 잘 먹습니다.**

Wǒ xǐ huan chī tián de
我喜欢吃甜的。
„워 „시환 "츠 ,톈더

06 **이건 별로 좋아하지 않아요.**

Zhège wǒ bú tài xǐ huan
这个我不太喜欢。
'저거 „워 ,부'타이 „시환

07 저는 기름기 있는 음식을 안 좋아해요.

Wǒ bù xǐ huan yóunì de

我不喜欢油腻的。

„워 '부„시환 ,요'니더

---

08 배가 고파요.

Wǒ è le

我饿了。

„워 '어러

---

09 전 식욕이 왕성해요.

Wǒ wèikǒu hǎo

我胃口好。

„워 '웨이„코 „하오

---

10 항상 그렇게 빨리 드세요?

Nǐ zǒng shì chī de zhème kuài ma

你总是吃得这么快吗?

„니 „쫑'스 "츠더 '저머 '콰이마

---

11 당신은 대식가이군요.

Nǐ hǎo dà de wèikǒu a

你好大的胃口啊。

„니 „하오 '따더 '웨이 „코아

---

12 저는 조금밖에 안 먹어요.

Wǒ zhǐ néng chī yì diǎn

我只能吃一点。

„워 „즈,넝 "츠 '이„뎬

음식맛을 말할 때

01 **맛이 어떻습니까?**

Wèidao zěnme yàng
味道怎么样?
'웨이다오 „쩐머'양

02 **아주 맛있는데요.**

Fēicháng hǎo chī
非常好吃。
"페이,창 „하오"츠

03 **이건 제 입맛에 안 맞아요.**

Zhège bù hé wǒ de kǒuwèi
这个不合我的口味。
'저거 '부,허 „워더 „코'웨이

04 **달콤해요**

Zhēn tián a
真甜啊。
"전,톈아

05 **싱거워요.**

Wèi dao dàndàn de
味道淡淡的。
'웨이다오 '딴'단더

06 **비린내 나요.**

Yǒu xīng wèi
有腥味。
„요 "싱 '웨이

07 **써요.**

Wèi dao kǔ

味道苦。

'웨이다오 „쿠

---

08 **짜요.**

Wèi dao tài xián

味道太咸。

'웨이다오 '타이 ,셴

---

09 **매워요.**

Hǎo là a

好辣啊。

„하오 '라아

---

10 **시큼해요.**

Suān suān de

酸酸的。

''쏸''쏸더

---

11 **연해요.**

Hǎo nèn a

好嫩啊。

„하오 '넌아

---

12 **질겨요.**

Tài yìng le

太硬了。

'타이 '잉러

QR코드 음원

대표 회화 알아두기

뭘로 마시겠습니까?
Yào hē shénme
要喝什么?

맥주 두 잔 갖다 주세요.
Lái liǎng bēi píjiǔ ba
来两杯啤酒吧。

술 마시는 걸 좋아하세요?
Xǐ huan hējiǔ ma
喜欢喝酒吗?

저는 술을 좋아합니다.
Wǒ xǐ huan hējiǔ
我喜欢喝酒。

01 술 한 잔 하시겠어요?

Yào bu yào hē yì bēi

要不要喝一杯?

'야오부'야오 ''허 '이''베이

02 오늘밤 한 잔 어때요?

Jīnwǎn lái yì bēi rúhé

今晚来一杯如何?

''진 „완 ,라이 '이''베이 ,루,허

03 술은 어때요?

Hē diǎn jiǔ zěnme yàng

喝点酒怎么样?

''허„뎬 „죠 „쩐머'양

04 한 잔 사고 싶은데요.

Wǒ xiǎng qǐng nǐ hējiǔ

我想请你喝酒。

„워 „샹 „칭 „니 ''허„죠

05 술 마시는 걸 좋아하세요?

Xǐ huan hējiǔ ma

喜欢喝酒吗?

„시환 ''허 „죠마

06 저희 집에 가서 한 잔 합시다.

Dào wǒ jiā hē jǐ bēi qù

到我家喝几杯去。

'따오 „워''쟈 ''허 „지''베이 '취

술을 주문하거나 권할 때

01 뭘로 마시겠습니까?

Yào hē shénme

要喝什么?

'야오 "허 ,선머

02 맥주 두 잔 갖다 주세요.

Lái liǎng bēi píjiǔ ba

来两杯啤酒吧。

,라이 „량"베이 ,피„죠바

03 제가 한 잔 따라 드리겠습니다.

Wǒ jìng nǐ yì bēi

我敬你一杯。

„워 '징 „니 '이"베이

04 아니오, 됐습니다. 과음했습니다.

Bú yòng le, xiè xie Wǒ hē duō le

不用了, 谢谢。我喝多了。

,부'용러 '셰셰 „워 "허"둬러

05 마시면서 얘기 나눕시다.

Wǒmen biān hē biān tán

我们边喝边谈。

„워먼 "볜"허 "볜,탄

06 건배합시다!

Gānbēi

干杯!

"깐"베이

01 저는 술을 좋아합니다.

Wǒ xǐ huan hējiǔ

我喜欢喝酒。

„워 „시환 "허„죠

02 알코올은 입에 대지 않기로 했습니다.

Wǒ bù xiǎng zài zhān yì dī jiǔ le

我不想再沾一滴酒了。

„워 '부„샹 '짜이 "잔 '이"디 „죠러

03 의사가 술을 마시면 안 된다고 했습니다.

Yīshēng shuō wǒ bù néng hējiǔ de

医生说我不能喝酒的。

"이"성 "쉬 „워 '부 ,넝 "허„죠더

04 이 맥주 맛 끝내주는데요.

Zhè píjiǔ jiǎnzhí bàng jí le

这啤酒简直棒极了。

'저 ,피„죠 „젠,즈 '빵,지러

05 보통 어느 정도 마십니까?

Nǐ yì bān néng hē duō shao

你一般能喝多少?

„니 '이"빤 ,넝 "허 "뚸사오

06 나는 술을 천천히 마시는 편입니다.

Wǒ hē de bǐjiào màn

我喝得比较慢。

„워 "허더 „비'쟈오 '만

음식값 계산에 관한 표현

QR코드 음원

대표 회화 알아두기

식사를 맛있게 드셨기를 바랍니다.
Xīwàng nǐ chī de mǎnyì
希望你吃得满意。

잘 먹었습니다. 고맙습니다.
Wǒ chī hǎo le, xiè xie nǐ
我吃好了, 谢谢你。

계산서를 주시겠습니까?
Kěyǐ gěi wǒ kàn yí xià zhàng dān ma
可以给我看一下帐单吗?

두 분 따로 계산해 드릴까요?
Liǎng ge rén yào fēnkāi jié zhàng ma
两个人要分开结帐吗?

01 **식사를 맛있게 드셨기를 바랍니다.**

Xīwàng nǐ chī de mǎnyì

希望你吃得满意。

"시'왕 „니 "츠더 „만'이

02 **아주 맛있게 먹었습니다.**

Wǒ chī de hěn hǎo

我吃得很好。

„워 "츠더 „헌 „하오

03 **점심 식사를 대접해 주셔서 고맙습니다.**

Xiè xie nǐ de wǔcān

谢谢你的午餐。

'셰셰 „니더 „우"찬

04 **모든 게 괜찮았습니까?**

Nǐ dōu mǎnyì ma

你都满意吗?

„니 "도 „만'이마

05 **남은 요리를 가지고 가고 싶은데요.**

Wǒ xiǎng bǎ shèng cài dǎ bāo

我想把剩菜打包。

„워 „샹 „바 '성'차이 „따"빠오

06 **잘 먹었습니다. 고맙습니다.**

Wǒ chī hǎo le, xiè xie nǐ

我吃好了，谢谢你。

„워 "츠„하오러 '셰셰 „니

01 지금 계산할까요?

Xiànzài mǎidān ma
现在买单吗?
'셴'자이 „마이"단마

---

02 아니오. 카운터에서 계산해 주십시오.

Bù, qǐng dào qiántái jié zhàng
不，请到前台结帐。
'부 „칭 '따오 ,첸,타이 ,졔'장

---

03 계산서를 주시겠습니까?

Kěyǐ gěi wǒ kàn yí xià zhàng dān ma
可以给我看一下帐单吗?
„커„이 „게이 „워 '칸,이'샤 '장"단마

---

04 내가 지불하겠습니다.

Wǒ lái jié zhàng
我来结帐。
„워 ,라이 ,졔'장

---

05 나누어 계산하기로 합시다.

Wǒmen gè fù gè de ba
我们各付各的吧。
„워먼 '거'푸 '거더바

---

06 각자 계산하기로 합시다.

Wǒmen gè fù gè de
我们各付各的。
„워먼 '거'푸 '거더

07 이번에는 내가 사죠.

Zhè cì suàn wǒ de

这次算我的。

'저 '츠 '쏸 „워더

---

08 두 분 따로 계산해 드릴까요?

Liǎng ge rén yào fēnkāi jié zhàng ma

两个人要分开结帐吗?

„량거 ,런 '야오 "펀"카이 ,제'장마

---

09 봉사료는 포함되어 있습니까?

Zhè lǐbian hán fúwù fèi ma

这里边含服务费吗?

'저 „리볜 ,한 ,푸'우'페이마

---

10 함께 계산해줘요.

Yí kuài jié zhàng ba

一块结帐吧。

,이'콰이 ,제'장바

---

11 청구서에 잘못 된 것이 있습니다.

Zhàng dān lǐtou yǒu wèntí

帐单里头有问题。

'장"단 „리토 „요 '원,티

---

12 이건 주문하지 않았습니다.

Wǒ méi yǒu diǎn zhège

我没有点这个。

„워 ,메이 „요 „뎬 '저거

PART 10

병원표현

UNIT 01 건강에 관한 표현

대표 회화 알아두기

운동을 자주 하십니까?
Nǐ jīngcháng yùndòng ma
你经常运动吗?

매일 조깅을 합니다.
Wǒ tiāntiān chénliàn
我天天晨练。

한 번에 몇 알씩 먹어야 하나요?
Yí cì fúyòng jǐ lì
一次服用几粒?

1일 3회, 식전에 복용하세요.
Yí rì sān cì, fàn qián fúyòng
一日三次，饭前服用。

01 어떻게 건강 유지를 하세요?

Ní zěn me bǎo chí shēn tǐ jiàn kāng

你怎么保持身体健康?

,니 „쩐머 „바오 ,츠 "선 „티 '졘"캉

02 운동을 자주 하십니까?

Nǐ jīngcháng yùndòng ma

你经常运动吗?

„니 "징,창 '윈'동마

03 매일 조깅을 합니다.

Wǒ tiāntiān chénliàn

我天天晨练。

„워 "톈"톈 ,천'롄

04 조깅이 건강에 좋아요.

Chénliàn yǒuyì jiànkāng

晨练有益健康。

,천'롄 „요'이 '졘"캉

05 저는 아주 건강해요.

Wǒ shēntǐ hěn jiànkāng

我身体很健康。

„워 "선 „티 „헌 '졘"캉

06 저는 건강이 별로 안 좋아요.

Wǒ shēntǐ bú tài hǎo

我身体不太好。

„워 "선„티 ,부'타이 „하오

01 **이 근처에 병원이 있습니까?**

Zhè fùjìn yǒu yīyuàn ma
这附近有医院吗?
'저 '푸'진 „요 ''이'위엔마

---

02 **저를 병원에 데려다 주세요.**

Qǐng bǎ wǒ dài dào yīyuàn
请把我带到医院。
„칭 „바„워 '따이'다오 ''이'위엔

---

03 **의사를 불러 주시겠습니까?**

Qǐng gěi zhǎo ge dài fu, hǎo ma
请给找个大夫，好吗?
„칭„게이 „자오거 '따이푸 „하오마

---

04 **어디가 아프십니까?**

Nǎr bù shū fu
哪儿不舒服?
„날 '부''수푸

---

05 **몸에 이상이 있는 것 같아요.**

Hǎoxiàng shēntǐ bú tài duì jìnr
好像身体不太对劲儿。
„하오'샹 ''선„티 ,부'타이 '뒈이'절

---

06 **요즘은 쉽게 피로를 느껴요.**

Zuìjìn róngyì gǎndào píláo
最近容易感到疲劳。
'쮀이'진 ,룽'이 „간'다오 ,피 ,라오

07 몸무게가 갑자기 줄었어요.

Tǐzhòng tū rán jiǎn qīng le

体重突然减轻了。

„티'종 "투,란 „젠"칭러

---

08 이런 증상이 있은 지 얼마나 오래 됐습니까?

Zhè zhǒng zhèngzhuàng chūxiàn duō cháng shíjiān le

这种症状出现多长时间了？

'저 „종 '정'쫭 "추'셴 "뚸,창 ,스"젠러

---

09 또 다른 증상이 있습니까?

Hái yǒu bié de zhèngzhuàng ma

还有别的症状吗？

,하이 „요 ,베더 '정'쫭마

---

10 검진해 봅시다.

Jiǎn chá jiǎn chá kàn kàn

检查检查看看。

„젠,차 „젠,차 '칸'칸

---

11 체온을 재보겠습니다.

Liáng yí xià tǐ wēn

量一下体温。

,량 ,이'샤 „티"원

---

12 혈압을 재겠습니다.

Liáng yí xià xuè yā

量一下血压。

,량 ,이'샤 '쉬에"야

01 머리가 깨지는 것 같이 아픕니다.

Tóu tòng de xiàng yào liè kāi yí yàng

头痛得像要裂开一样。

,토'통더 '샹 '야오 '례"카이 ,이'양

02 여기가 아파요.

Zhèr téng

这儿疼。

'절 ,텅

03 온몸이 피곤하고 기운이 없어요.

Húnshēn píbèi, méiyǒu lìqì

浑身疲惫，没有力气。

,훈"선 ,피'베이 ,메이„요 '리'치

04 어지럽고 쓰러질 것 같아요.

Tóu yūn de yào hūn dǎo le

头晕得要昏倒了。

,토 "윈더 '야오 "훈„다오러

05 배가 아파요.

Dùzi téng

肚子疼。

'두즈 ,텅

06 식욕이 없어요.

Méiyǒu wèikǒu (shíyù)

没有胃口(食欲)。

,메이„요 '웨이 „코(,스'위)

약에 대해서 말할 때

01 처방전 가져 오셨습니까?

Chǔfāng dài lái le ma

处方带来了吗?

„추"팡 '따이 ,라이러마

02 이 처방전대로 약을 지어 주세요.

Zhào zhè chǔfāng pèiyào ba

照这处方配药吧。

'자오 '저 „추"팡 '페이'야오바

03 한 번에 몇 알씩 먹어야 하나요?

Yí cì fúyòng jǐ lì

一次服用几粒?

,이'츠 ,푸'용 „지'리

04 1일 3회, 식전에 복용하세요.

Yí rì sān cì, fàn qián fúyòng

一日三次, 饭前服用。

,이'르 "싼'츠 '판,첸 ,푸'용

05 좋은 감기약이 있나요?

Yǒu hǎo de gǎnmào yào ma

有好的感冒药吗?

„요 „하오더 „간'마오'야오마

06 아스피린을 한 번 드셔 보세요.

Qǐng yòng ā sī pǐ lín kàn kàn

请用阿司匹林看看。

„칭 '용 "아"쓰„피,린 '칸'칸

QR코드 음원

격하게 중국어로 말하기

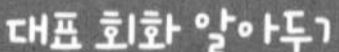

어디가 아프십니까?

Nǎr bù shū fu

哪儿不舒服?

팔이 부러진 것 같아요.

Gē bo hǎoxiàng zhé le

胳膊好像折了。

귀가 멍멍합니다.

Ěr duo wēng wēng de

耳朵嗡嗡的。

오한 경련이 있습니다.

Wǒ yǒu wèi hán jìngluán de zhèngzhuàng

我有畏寒痉挛的症状。

내과에서

01 감기 기운이 있습니다.

Yǒu gǎnmào zhèngzhuàng

有感冒症状。

„요 „간'마오 '정'좡

02 1주일 넘게 감기를 앓고 있습니다.

Gǎnmào dōu yí ge duō xīng qī le

感冒都一个多星期了。

„간'마오 "도 ,이거 "둬 "싱"치러

03 몸살이 났습니다.

Húnshēn suāntòng

浑身酸痛。

,훈"선 "쏸'통

04 고열이 있습니다.

Fā gāo shāo ne

发高烧呢。

"파 "까오 "사오너

05 땀을 많이 흘려요.

Liú hǎo duō hàn ne

流好多汗呢。

,료 „하오"둬 '한너

06 머리가 좀 띵합니다.

Tóu yǒu xiē yūn

头有些晕。

,토 „요"셰 "윈

07 아랫배가 아픕니다.

Xiàfù téngtòng
下腹疼痛。
'샤'푸 ,텅'통

08 배탈이 났어요.

Huàn le fùxiè
患了腹泻。
'환러 '푸'셰

09 속이 매스꺼워요.

Ě xīn
恶心。
„어"신

10 구토를 합니다.

Ǒu tù
呕吐。
„오'투

11 가슴이 답답합니다.

Xiōng mēn
胸闷。
"숑"먼

12 식중독에 걸린 것 같아요.

Hǎoxiàng shì shíwù zhòngdú
好像是食物中毒。
„하오'샹 '스 ,스'우 '종,두

01 운동하다가 다쳤어요.

Yùndòng de shí hou shòu shāng le
运动的时候受伤了。
'윈'동더 ,스호 '소"상러

02 허리를 삐었습니다.

Niǔ shāng le yāo
扭伤了腰。
„뇨"상러 "야오

03 미끄러 넘어져 발목을 삐었습니다.

Shuāi le yì jiāo, cuò shāng le jiǎo bózi
摔了一跤，挫伤了脚脖子。
"쏴이러 '이"쟈오 '춰"상러 „쟈오,보즈

04 팔이 부러진 것 같아요.

Gē bo hǎoxiàng zhé le
胳膊好像折了。
"거보 „하오'샹 ,저러

05 다리가 저립니다.

Tuǐ má le
腿麻了。
„퉤이 ,마러

06 근육통이 심합니다.

Jīròu téng de lì hai
肌肉疼得厉害。
"지'로 ,텅더 '리하이

07 어깨가 뻐끈합니다.

Jiān bù suāntòng
肩部酸痛。
''젠'부 ''쏸'통

---

08 목을 거의 움직일 수가 없어요.

Zhè bózi jīhū bù néng dòng tan le
这脖子几乎不能动弹了。
'저 ,보즈 ''지''후 '부,넝 '똥탄러

---

09 깨진 유리조각을 밟았어요.

Cǎi dào le suì bō li
踩到了碎玻璃。
„차이'다오러 '쒜이 ''보리

---

10 끓는 물에 손을 데었습니다.

Jiào kāishuǐ tàng shāng le shǒu
叫开水烫伤了手。
'쟈오 ''카이 „쉐이 '탕''상러 „소

---

11 온몸에 멍이 들었습니다.

Húnshēn qīng yí kuài zǐ yí kuài de
浑身青一块紫一块的。
,훈''선 ''칭 ,이'콰이 „쯔 ,이'콰이더

---

12 상처에 고름이 생겼습니다.

Shāngkǒu huà nóng le
伤口化脓了。
''상„코 '화,농러

01 귀가 멍멍합니다.

Ěr duo wēng wēng de

耳朵嗡嗡的。

„알둬 "웡"웡더

02 귀에 뭐가 들어갔습니다.

Ěr duo jìn le yìwù

耳朵进了异物。

„알둬 '진러 '이'우

03 귀에 물이 들어갔습니다.

Ěr duo jìn shuǐ le

耳朵进水了。

„알둬 '진 „쉐이러

04 귀가 막힌 것 같아요.

Ěr duo hǎoxiàng dǔ zhù le

耳朵好像堵住了。

„알둬 „하오'샹 „두'주러

05 귀에서 고름이 나옵니다.

Ěr duo liú nóng

耳朵流脓。

„알둬 ,료 ,농

06 잘 안들려요.

Tīng bu qīng chu

听不清楚。

"팅부 "칭추

07 코가 막혔어요.

Bí sāi le
鼻塞了。
,비 ''싸이러

08 콧물이 나옵니다.

Liú bítì
流鼻涕。
,료 ,비'티

09 냄새를 맡기 곤란합니다.

Xiùjué bù líng
嗅觉不灵。
'쇼 ,쥐에 '부,링

10 목이 따끔거립니다.

Yānhóu huǒlàlà de
咽喉火辣辣的。
''옌,호 „훠 '라'라더

11 물을 마시기도 힘듭니다.

Hē shuǐ dōu hěn kùnnán
喝水都很困难。
''허 „쉐이 ''도 „헌 '쿤,난

12 목이 부었습니다.

Yānhóu hóngzhǒng
咽喉红肿。
''옌 ,호 ,홍„종

01 소변을 자주 보는 것 같습니다.

Wǒ xiǎobiàn tài qín le

我小便太勤了。

„워 „샤오'벤 '타이 ,친러

02 소변 색깔이 진합니다.

Niào yè yánsè bǐjiào shēn

尿液颜色比较深。

'냐오'예 ,옌'써 „비'쟈오 "선

03 소변을 보려고 할 때 아픕니다.

Xiǎng yào xiǎobiàn jiù téng

想要小便就疼。

„샹'야오 „샤오'벤 '죠 ,텅

04 대변을 볼 때 피가 섞여 나옵니다.

Dàbiàn chū xiè

大便出血。

'따'벤 "추'쉬에

05 변비가 심합니다.

Biànmì dé lì hai

便秘得厉害。

'벤'미,더 '리하이

06 치질에 걸린 것 같습니다.

Wǒ hǎoxiàng dé le zhìchuāng

我好像得了痔疮。

„워 „하오'샹 ,더러 '즈"촹

01 피부가 건조합니다.

Pífū gānzào

皮肤干燥。

,피''푸 ''깐'짜오

02 등이 가렵습니다.

Hòu bèi yǎng

后背痒。

'호'베이 ,,양

03 입술이 틉니다.

Wǒ zuǐchún gānliè

我嘴唇干裂。

,,워 ,,쮀이,춘 ''깐'례

04 여드름이 심각해요.

Wǒ liǎn shàng dòu dòu zhǎng de hěn lì hai

我脸上痘痘长得很厉害。

,,워 ,,롄'상 '또'또 ,,장더 ,,헌 '리하이

05 화장품 때문에 피부에 발진이 생겼습니다.

Wǒ yīn huàzhuāngpǐn dé le pízhěn

我因化妆品得了皮疹。

,,워 ''인 '화''좡,,핀 ,더러 ,피,,전

06 오른쪽 팔에 물집이 생겼어요.

Wǒ de yòu bì shàng qǐ le shuǐpào

我的右臂上起了水泡。

,,워더 '요'삐'상 ,,치러 ,,쉐이'파오

01 지난달에 생리가 없었습니다.

Shàng ge yuè yuèjīng méiyǒu lái

上个月月经没有来。

'상거 '위에 '위에"징 ,메이„요 ,라이

02 분비물이 많습니다.

Fēn mì wù duō

分泌物多。

"펀'미'우 "둬

03 평상시보다 생리양이 많아요.

Yuèjīng liàng bǐ píngshí duō

月经量比平时多。

'위에"징'량 „비 ,핑,스 "둬

04 축하합니다. 임신 6주입니다.

Gōng xǐ gōng xǐ Huái yùn liù zhōu le

恭喜恭喜! 怀孕六周了。

"꽁„시 "꽁„시 ,화이'윈 '료"조러

05 입덧이 심합니다.

Wǒ yùntù hěn lì hai

我孕吐很厉害。

„워 '윈'투 „헌 '리하이

06 양수가 터졌어요.

Yángshuǐ pò le

羊水破了。

,양 „쉐이 '포러

01 아이가 감기에 걸린 것 같습니다.

Háizi hǎoxiàng gǎnmào le

孩子好像感冒了。

,하이즈 „하오'샹 „간'마오러

02 아이가 먹지를 않아요.

Háizi bù chīfàn

孩子不吃饭。

,하이즈 '부"츠'판

03 아이의 편도선에 염증이 생겼습니다.

Háizi biǎntáo xiàn fā yán le

孩子扁桃腺发炎了。

,하이즈 „볜,타오 '셴 "파,옌러

04 아이가 젖을 잘 못 빨아요.

Háizi bú dà huì chī nǎi

孩子不大会吃奶。

,하이즈 ,부'따 '훼이 "츠„나이

05 아이가 온 몸을 떱니다.

Háizi quánshēn duō suo

孩子全身哆嗦。

,하이즈 ,취엔"선 "둬쒀

06 아이가 식욕이 별로 없습니다.

Háizi shíyù bù hǎo

孩子食欲不好。

,하이즈 ,스'위 '부„하오

01 의식을 잃었습니다.

Shīqù yìshí le
失去意识了。
"스'취 '이,스러

02 신경쇠약입니다.

Shì shénjīng shuāiruò
是神经衰弱。
'스,선"징 "쏘이'뤄

03 오한 경련이 있습니다.

Wǒ yǒu wèi hán jìngluán de zhèngzhuàng
我有畏寒痉挛的症状。
„워 „요 '웨이,한 '징 ,롼더 '정'쫭

04 가끔 팔에 감각이 없어집니다.

Wǒ de shǒubì yǒushí huì shīqù zhījué
我的手臂有时会失去知觉。
„워더 „소'비 „요 ,스 '훼이 "스'취 "즈,쥐에

05 척추 아랫부분이 욱신거려요.

Jǐ zhuī xiàfāng bùwèi fāsuān
脊椎下方部位发酸。
„지"줴이 '샤"팡 '부'웨이 "파"쏸

06 가끔 하반신이 마비되는 느낌이 들어요.

Yǒushí xiàbànshēn huì mábì
有时下半身会麻痹。
„요 ,스 '샤'반"선 '훼이 ,마'비

01 **눈물이 납니다.**

Zǒng shì liú yǎnlèi
总是流眼泪。
„쫑'스 ,료 „옌'레이

---

02 **눈이 아파요.**

Yǎn jing téng
眼睛疼。
„옌징 ,텅

---

03 **눈이 가렵습니다.**

Yǎn jing yǎngyang
眼睛痒痒。
„옌징 „양양

---

04 **눈이 불편합니다.**

Yǎn jing bù shū fu
眼睛不舒服。
„옌징 '부"수푸

---

05 **안경을 쓰면 머리가 아픕니다.**

Dài shàng yǎnjìng jiù tóuténg
戴上眼镜就头疼。
'따이'상 „옌'징 '죠 ,토,텅

---

06 **눈이 충혈되었습니다.**

Yǎn jing chōng xuè le
眼睛充血了。
„옌징 "총'쉬에러

01 충치가 있습니다.

Wǒ yǒu zhùyá

我有蛀牙。

„워 „요 '주,야

02 이를 때워야 합니다.

Wǒ děi bǔ yá

我得补牙。

„워 „데이 „부,야

03 두드리면 이가 아픕니다.

Qiāo qiāo yá jiù huì téng

敲敲牙就会疼。

"챠오"챠오 ,야 '죠'훼이 ,텅

04 잇몸에 피가 납니다.

Yáy ín chū xiè le

牙龈出血了。

,야,인 "추'쉬에러

05 잇몸이 아파요.

Yáyín téng

牙龈疼。

,야,인 ,텅

06 이가 부러졌어요.

Yáchǐ duàn le

牙齿断了。

,야„츠 '돤러

대표 회화 알아두기

샤오왕이 입원해 있어요.
Xiǎo wàng zài zhù yuàn
小王在住院。

우리 병원에 가봅시다.
Wǒmen qù yīyuàn kàn kàn
我们去医院看看。

그가 회복할 가능성이 있습니까?
Tā yǒu quányù de xīwàng ma
他有痊愈的希望吗?

이제 많이 좋아졌습니다.
Yǐjīng hǎoduō le
已经好多了。

입원소식을 들었을 때

01 샤오왕이 입원해 있어요.

Xiǎo wàng zài zhù yuàn

小王在住院。

„샤오,왕 '짜이 '주'위엔

02 어느 병원에 입원해 있죠?

Zài nǎ jiā yīyuàn

在哪家医院?

'짜이 „나"쟈 "이'위엔

03 그녀는 병원으로 급히 후송됐어요.

Tā bèi jǐnjí sòng dào yīyuàn

她被紧急送到医院。

"타 '베이 „진,지 '쏭'다오 "이'위엔

04 우리 병원에 가봅시다.

Wǒmen qù yīyuàn kàn kàn

我们去医院看看。

„워먼 '취 "이'위엔 '칸'칸

05 그는 어느 병실에 있죠?

Tā zài nǎge bìngfáng

他在哪个病房?

"타 '자이 „나거 '삥,팡

06 몇 시에 환자를 만날 수 있나요?

Jǐ diǎn kěyǐ kànwàng huànzhě

几点可以看望患者?

„지 „뎬 „커„이 '칸'왕 '환„저

01 그가 회복할 가능성이 있습니까?

Tā yǒu quányù de xīwàng ma

他有痊愈的希望吗?

"타 „요 ,취엔'위더 "시'왕마

---

02 그는 언제 퇴원할 수 있을까요?

Tā shénme shí hou kěyǐ chū yuàn

他什么时候可以出院?

"타 ,선머,스호 „커„이 "추'위엔

---

03 그는 매일 조금씩 좋아지고 있습니다.

Tā de bìngqíng rìjiàn hǎo zhuǎn

他的病情日渐好转。

"타더 '삥,칭 '르'졘 „하오„좐

---

04 이제 많이 좋아졌습니다.

Yǐjīng hǎoduō le

已经好多了。

„이"징 „하오"둬러

---

05 그는 곧 퇴원할 겁니다.

Tā mǎ shang jiù yào chū yuàn le

他马上就要出院了。

"타 „마상 '죠 '야오 "추'위엔러

---

06 환자의 상태는 좋습니다.

Huànzhě zhuàngtài liánghǎo

患者状态良好。

'환„저 '좡'타이 ,량„하오

환자를 위로할 때

01 기분이 어떠세요?

Nǐ xīnqíng zěnme yàng

你心情怎么样?

„니 "신,칭 „쩐머'양

02 어쩌다가 다치셨습니까?

Nǐ shì zěnme shòushāng de

你是怎么受伤的?

„니 '스 „쩐머 '소"상더

03 곧 나아지길 바랍니다.

Wǒ xīwàng nǐ zǎorì kāngfù

我希望你早日康复。

„워 "시'왕 „니 „짜오'르 "캉'푸

04 몸조리 잘 하세요.

Qǐng duōduō bǎozhòng

请多多保重。

„칭 "뒤"둬 „바오'종

05 당신 건강이 좋아지셨다니 기쁩니다.

Nǐ yǒu le hǎozhuǎn, wǒ hěn gāoxìng

你有了好转, 我很高兴。

„니 „요러 „하오„좐 „워 „헌 "까오'싱

06 와 주셔서 감사합니다.

Xiè xie nǐ lái kàn wǒ

谢谢你来看我。

'셰셰 „니 ,라이 '칸 „워

PART 11

서비스표현

UNIT 01 전화에 관한 표현

대표 회화 알아두기

전화 좀 받아 주실래요?

Bāng wǒ jiē yí xià diànhuà kěyǐ ma

帮我接一下电话可以吗?

그러죠, 여보세요.

Hǎo ba, wéi nǐ hǎo

好吧，喂你好。

미스터 김 계세요?

Jīn xiān sheng zài ma

金先生在吗?

그는 방금 사무실을 나갔습니다.

Tā gāng líkāi bàn gōng shì

他刚离开办公室。

전화를 걸 때

01 **전화를 사용해도 될까요?**

Wǒ kěyǐ yòng yí xià diànhuà ma
我可以用一下电话吗?
„워 „커„이 '용,이'샤 '뎬'화마

02 **상해의 지역번호는 몇 번입니까?**

Shàng hǎi de qū hào shì duō shao
上海的区号是多少?
'상 „하이더 "취'하오 '스 "뛰사오

03 **전화를 걸어 주시겠습니까?**

Néng bāng wǒ dǎ ge diànhuà ma
能帮我打个电话吗?
,넝 "빵„워 „따거 '뎬'화마

04 **여보세요! 저는 미스터 김인데요.**

Wèi nǐ hǎo, wǒ shì jīn xiān sheng
喂你好, 我是金先生。
,웨이 „니„하오 „워 '스 "진"셴성

05 **미스터 김 계세요?**

Jīn xiān sheng zài ma
金先生在吗?
"진"셴성 '짜이마

06 **안녕하세요. 미스 박?**

Nǐ hǎo, pǔ xiǎo jie
你好, 朴小姐?
„니 „하오 „퍄오 „샤오제

07 김씨 거기에 있습니까?

Lǎo jīn zài bu zài

老金在不在?

„라오"진 '짜이부'짜이

08 미스터 한이 계신 방 좀 대주세요.

Qǐng jiē hán xiān sheng de fángjiān

请接韩先生的房间。

„칭 "졔 ,한"셴성더 ,팡"졘

09 (전화를 받으시는 분은) 누구십니까?

Qǐngwèn nín shì nǎ wèi

请问您是哪位?

„칭'원 ,닌 '스 „나 '웨이

10 미스터 이와 통화할 수 있을까요?

Kěyǐ gēn lǐ xiān sheng tōnghuà ma

可以跟李先生通话吗?

„커„이 "껀 „리"셴성 "통'화마

11 여보세요, 영철씨 좀 바꿔주세요.

Nǐ hǎo, qǐng zhuǎn jiē yǒng zhé

你好, 请转接永哲。

„니 „하오 „칭 „좐"졔 „용,저

12 김씨 좀 바꿔주세요.

Máfan zhuǎn yí xià jīn xiān sheng

麻烦转一下金先生。

,마판 „좐 ,이'샤 "진"셴성

전화를 받을 때

01 전화 왔습니다.

Lái diànhuàle

来电话了。

,라이 '뎬'화러

02 전화는 제가 받을게요.

Wǒ lái jiē ba

我来接吧。

„워 ,라이 "졔바

03 전화 좀 받아 주실래요?

Bāng wǒ jiē yí xià diànhuà kěyǐ ma

帮我接一下电话可以吗?

"빵„워 "졔 ,이'샤 '뎬'화 „커„이마

04 그러죠, 여보세요.

Hǎo ba, wéi nǐ hǎo

好吧, 喂你好。

„하오바 ,웨이 „니 „하오

05 전화하시는 분은 누구시죠?

Qǐngwèn dǎ diànhuà de shì nǎ wèi

请问打电话的是哪位?

„칭'원 „따'뎬'화더 '스 „나 '웨이

06 누구십니까?

Shì nǎ wèi

是哪位?

'스 „나 '웨이

07 성함을 여쭤봐도 될까요?

Kě yǐ qǐng jiào yí xià xìngmíng ma

可以请教一下姓名吗?

„커 „이 „칭 '쟈오 ,이'샤 '싱,밍마

08 어떤 용건인지 여쭤봐도 될까요?

Kě yǐ qǐng jiào yí xià shì shénme shì ma

可以请教一下是什么事吗?

„커 „이 „칭 '쟈오 ,이'샤 ,선머 '스마

09 무엇을 도와드릴까요?

Wǒ néng bāng nín diǎn shénme

我能帮您点什么?

„워 ,넝 ''빵 ,닌„뎬 ,선머

10 여보세요. 김입니다.

Nǐ hǎo, wǒ shì xiǎo jīn

你好, 我是小金。

„니 „하오 „워 '스 „샤오''진

11 안녕하세요. 국제호텔입니다.

Nǐ hǎo, zhèlǐ shì guójì fàndiàn

你好, 这里是国际饭店。

„니 „하오 '저„리 '스 ,궈'지 '판'뎬

12 네, 전화 주셔서 감사합니다.

Shì, xiè xie nǐ lái diànhuà

是, 谢谢你来电话。

'스 '셰셰 „니 ,라이 '뎬'화

전화를 바꿔줄 때

01 잠깐만 기다려 주시겠어요?

Shāo wēi děng piàn kè hǎo ma

稍微等片刻好吗?

"사오"웨이 „덩 '폔'커 „하오마

02 누구 바꿔 드릴까요?

Qǐngwèn zhǎo nǎ wèi

请问找哪位?

„칭'원 „자오 „나 '웨이

03 미스터 이, 미스터 김 전화에요.

Lǐ xiān sheng, jīn xiān sheng lái diàn huà le

李先生, 金先生来电话了。

„리"셴성 "진"셴성 ,라이 '뎬'화러

04 미스터 김한테 전화를 돌려드리겠습니다.

Wǒ bǎ diànhuà zhuǎn gěi jīn xiān sheng

我把电话转给金先生。

„워 „바 '뎬'화 „좐 „게이 "진"셴성

05 미스터 김, 전화입니다.

Jīn xiān sheng, nín de diànhuà

金先生, 您的电话。

"진"셴성 ,닌더 '뎬'화

06 전화를 담당 부서로 연결해 드리겠습니다.

Bǎ diànhuà gěi nín zhuǎn dào fùzé bùmén

把电话给您转到负责部门。

„바 '뎬'화 „게이,닌 '따오 '푸,저 '부,먼

전화를 받을 수 없을 때

01 글쎄요. 잠깐만요, 지금 막 들어오셨어요.

Shì a, qǐng shāo děng, tā gāng jìn lái

是啊，请稍等，他刚进来。

'스아 „칭 "사오 „덩 "타 "깡 '진,라이

02 지금 자리에 안 계세요.

Xiànzài bú zài

现在不在。

'셴'자이 ,부'짜이

03 그는 방금 사무실을 나갔습니다.

Tā gāng líkāi bàn gōng shì

他刚离开办公室。

"타 "깡 ,리"카이 '빤"공'스

04 지금은 외출중입니다. 곧 돌아오실 겁니다.

Zhèngzài wài mian ne, kuài huí lái le ba

正在外面呢，快回来了吧。

'정'자이 '와이멘너 '콰이 ,훼이,라이러바

05 점심식사를 하러 나가셨습니다.

Chū qù chī wǔfàn qù le

出去吃午饭去了。

"추'취 "츠 „우'판 '취러

06 지금 회의 중입니다.

Zhèngzài kāihuì

正在开会。

'정'자이 "카이'훼이

07 퇴근하셨습니다.

Xià bān le

下班了。

'샤''빤러

08 그녀는 오늘 비번입니다.

Jīntiān tā bú shàngbān

今天她不上班。

''진''톈 ''타,부'상''빤

09 지금 다른 전화를 받고 있습니다.

Zhèn gjiē lìng yí ge diànhuà ne

正接另一个电话呢。

'정''졔 '링 ,이거 '뎬'화너

10 언제 돌아옵니까?

Shénme shí hou huílái

什么时候回来?

,선머,스호 ,훼이,라이

11 2시까지는 들어올 것으로 예상됩니다.

Wǒ jué de liǎng diǎn qián jiù néng huí lái

我觉得2点前就能回来。

„워 ,쥐에더 „량„뎬,첸 '죠 ,넝 ,훼이,라이

12 잠시 후에 다시 걸게요.

Nà wǒ dài yí huìr zài dǎ

那我待一会儿再打。

'나 „워 '따이,이'훨 '짜이 „따

메세지를 부탁할 때

01 메시지를 남기시겠습니까?

Nín xiǎng liúyán ma
您想留言吗?
,닌 „샹 ,료,옌마

02 그에게 메시지를 남겨도 될까요?

Wǒ néng gěi tā liúyán ma
我能给他留言吗?
„워 ,넝 „게이"타 ,료,옌마

03 알겠습니다. 말씀 좀 전해 주시겠습니까?

Zhī dào le, máfan nǐ néng zhuǎngào yí xià ma
知道了, 麻烦你能转告一下吗?
"즈'다오러 ,마판 „니 ,넝 „좐'까오 ,이'샤마

04 돌아오면 저한테 전화해 달라고 전해 주시겠습니까?

Nǐ néng gào su tā, huí lái hòu gěi wǒ lái ge diànhuà ma
你能告诉他, 回来后给我来个电话吗?
„니 ,넝 '까오쑤 "타 ,훼이,라이'호 „게이 „워 ,라이거 '뎬'화마

05 제가 전화했다고 그에게 좀 전해주시겠습니까?

Nǐ néng gào su tā, wǒ gěi tā lái guo diànhuà ma
你能告诉他, 我给他来过电话吗?
„니 ,넝 '까오쏴"타 „워 „게이"타 ,라이궈 '뎬'화마

06 댁의 말씀을 김에게 전하겠습니다.

Wǒ huì bǎ nín de huà zhuǎn gào jīn xiān sheng de
我会把您的话转告金先生的。
„워 '훼이 „바,닌더 '화 „좐'까오 "진"셴성더

전화를 잘못 걸었을 때

01 제가 전화를 잘못 걸었습니다.

Shì wǒ dǎ cuò le diànhuà
是我打错了电话。
'스 „워 „따'춰러 '뎬'화

---

02 전화번호를 다시 확인해 보세요.

Qǐng zài quèrèn yí xià diànhuà hàomǎ
请再确认一下电话号码。
„칭 '짜이 '취에'런 ,이'샤 '뎬'화 '하오„마

---

03 미안합니다만, 여긴 김이라는 사람이 없는데요.

Duì bu qǐ, wǒmen zhèr méiyǒu xìng jīn de ya
对不起，我们这儿没有姓金的呀。
'뛔이부„치 „워먼 '절 ,메이„요 '싱 ''진더야

---

04 여보세요. 누구를 찾으세요?

Wǒ shuō, nǐ zhǎo shuí
我说，你找谁?
„워 ''숴 „니 „자오 ,세이

---

05 여긴 그런 이름 가진 사람 없는데요.

Zhèlǐ méiyǒu jiào nà ge míng zi de rén a
这里没有叫那个名字的人啊。
'저„리 ,메이„요 '쟈오 '나거 ,밍즈더 ,런아

---

06 죄송합니다. 전화를 잘못 거셨습니다.

Duì bu qǐ, nǐ dǎ cuò le
对不起，你打错了。
'뛔이부„치 „니 „따'춰러

우체국&은행에 관한 표현

QR코드 음원

대표 회화 알아두기

무엇을 도와드릴까요?
Yǒu shéme kěyǐ bāng nín
有什么可以帮您?

엽서를 보내고 싶습니다.
Xiǎng jì zhāng míngxìnpiàn
想寄张明信片。

다른 은행으로 송금할 수 있나요?
kě yǐ kuà háng huì kuǎn ma
可以跨行汇款吗?

번호를 받으시고 자리에 앉아서 기다리세요.
Xiān lǐngqǔ hàomǎ, dào zuòwèi děngzhe ba
先领取号码，到座位等着吧。

01 엽서를 보내고 싶습니다.

Xiǎng jì zhāng míngxìnpiàn
想寄张明信片。
„샹'지 ''장 ,밍'신'폔

02 이 근처에 우체국은 있습니까?

Zhè fùjìn yǒu yóujú ma
这附近有邮局吗?
'저 '푸'진 „요 ,요,쥐마

03 우표는 어디서 살 수 있습니까?

Zài nǎr néng mǎi dào yóupiào
在哪儿能买到邮票?
'짜이„날 ,넝 „마이'다오 ,요'퍄오

04 한국까지 항공편으로 보내 주세요.

Qǐng yòng hángkōng jì wǎng hánguó
请用航空寄往韩国。
„칭 '용 ,항''콩 '지 „왕 ,한,궈

05 이 소포를 한국으로 보내고 싶은데요.

Wǒ yào bǎ zhè bāoguǒ jì wǎng hánguó
我要把这包裹寄往韩国。
„워 '야오 „바 '저 ''빠오„궈 '지 „왕 ,한,궈

06 한국까지 선편으로 보내 주세요.

Qǐng yòng chuán yùn jì dào hánguó
请用船运寄到韩国。
„칭 '용 ,촨 '윈 '지 '다오 ,한,궈

07 요금은 얼마입니까?

Yóufèi shì duō shao

邮费是多少?

,요'페이 '스 "뚸사오

08 무엇을 도와드릴까요?

Yǒu shéme kěyǐ bāng nín

有什么可以帮您?

„요 ,선머 „커 „이 "빵,닌

09 이 여행자수표를 현금으로 바꿀 수 있습니까?

Néng bǎ zhè lǚ xíng zhī piào huàn chéng xiàn jīn ma

能把这旅行支票换成现金吗?

,넝 „바 '저 „뤼,싱 "즈'퍄오 '환,청 '셴"진마

10 이 한국돈을 인민폐로 바꾸고 싶습니다.

Xiǎng bǎ zhè hán bì duì huàn chéng rén mín bì

想把这韩币兑换成人民币。

„샹 „바 '저 ,한'비 '뒈이'환,청 ,런,민'비

11 번호를 받으시고 자리에 앉아서 기다리세요.

Xiān lǐngqǔ hàomǎ, dào zuòwèi děngzhe ba

先领取号码，到座位等着吧。

"셴 „링„취 '하오„마 '따오'쭤'웨이 „덩저바

12 잔돈을 섞어 주시겠습니까?

Kě yǐ gěi diǎn líng qián ma

可以给点零钱吗?

„커„이 „게이„뎬 ,링 ,쳰마

13 이것을 잔돈으로 바꿀 수 있습니까?

Kě yǐ bǎ zhè ge huàn chéng líng qián ma

可以把这个换成零钱吗?

„커„이 „바'저거 '환,청 ,링,첸마

14 수표를 현금으로 바꾸고 싶습니다.

Xiǎng bǎ zhīpiào huàn chéng xiànjīn

想把支票换成现金。

„샹 „바 "즈'퍄오 '환,청 '셴"진

15 수수료는 얼마입니까?

Shǒuxù fèi shì duō shao

手续费是多少?

„소'쉬'페이 '스 "뚸사오

16 은행 영업시간을 알려 주세요.

Qǐng gào su wǒ yínháng yíngyè shíjiān

请告诉我银行营业时间。

„칭 '까오쑤 „워 ,인,항 ,잉'예 ,스"젠

17 다른 은행으로 송금할 수 있나요?

kě yǐ kuà háng huì kuǎn ma

可以跨行汇款吗?

„커 „이 '콰,항 '훼이„콴마

18 서면 자료가 있어야 합니다.

Zhè děi yǒu shūmiàn cáiliào

这得有书面材料。

'저 „데이 „요 "수'멘 ,차이'랴오

부동산&관공서에 관한 표현

QR코드 음원

대표 회화 알아두기

침실이 두 개인 아파트를 찾고 있습니다.
Wǒ zhǎo yǒu liǎng ge wòshì de gōngyù
我找有两个卧室的公寓。

어떤 지역에 살고 싶으세요?
Xiǎng zài nǎge qūyù jūzhù
想在哪个区域居住?

이 일은 어느 분이 담당하십니까?
Zhè yèwù yóu nǎ wèi fùzé
这业务由哪位负责?

우선 신청부터 하셔야 합니다.
Nǐ xiān děi shēnqǐng yí xià
你先得申请一下。

01 안녕하세요. 무얼 도와드릴까요?

Nǐ hǎo, xūyào wǒ bāng nǐ zuò diǎn shénme

你好，需要我帮你做点什么?

„니 „하오 ''쉬'야오 „워 ''빵„니 '쭤„덴 ,선머

02 침실이 두 개인 아파트를 찾고 있습니다.

Wǒ zhǎo yǒu liǎng ge wòshì de gōngyù

我找有两个卧室的公寓。

„워 „자오 „요 „량거 '워'스더 ''꽁'위

03 어떤 지역에 살고 싶으세요?

Xiǎng zài nǎge qūyù jūzhù

想在哪个区域居住?

„샹 '짜이 „나거 ''취'위 ''쥐'주

04 아파트에 언제 입주하고 싶으세요?

Nǐ dǎsuàn shénme shí hou rùzhù gōngyù

你打算什么时候入住公寓?

„니 „따'쏸 ,선머,스호 '루'주 ''꽁'위

05 주차장이 있습니까?

Yǒu chēwèi ma

有车位吗?

„요 ''처'웨이마

06 햇볕이 충분히 드는 방을 원합니다.

Xūyào yángguāng chōngzú de fángjiān

需要阳光充足的房间。

''쉬'야오,양''광 ''총,쭈더,팡''젠

07 근처에 전철역이 있나요?

Fù jìn yǒu dì tiě zhàn ma

附近有地铁站吗?

'푸'진 „요 '띠 „톄'잔마

08 시설은 어떤가요?

Shèshī zěnme yàng

设施怎么样?

'서"스 „쩐머'양

09 이 지역의 집값은 얼마나 됩니까?

Zhè dìqū de fángjià shì duō shao

这地区的房价是多少?

'저 '띠"취더 ,팡'쟈 '스 "뚸사오

10 교통은 어떤가요?

Jiāotōng zěnme yàng

交通怎么样?

"쟈오"통 „쩐머'양

11 언제 지어진 거죠?

Nǎ nián jiaofáng de

哪年交房的?

„나 ,녠 "쟈오,팡더

12 보증금은 (나중에) 되돌려 받을 수 있나요?

Yājīn yǐ hòu gěi tuì ma

押金以后给退吗?

"야"진 „이'호 „게이'퉤이마

01 담당 부서를 가르쳐 주시겠습니까?

Néng gào su wǒ fùzé bù mén ma
能告诉我负责部门吗?
,넝 '까오쑤 „워 '푸,쩌 '부,먼마

02 맞게 찾으셨습니다.

Nín zhǎo duì le
您找对了。
,닌 „자오 '뒈이러

03 이 일은 어느 분이 담당하십니까?

Zhè yèwù yóu nǎ wèi fùzé
这业务由哪位负责?
'저 '예'우 ,요 „나'웨이 '푸,쩌

04 우선 신청부터 하셔야 합니다.

Nǐ xiān děi shēnqǐng yí xià
你先得申请一下。
„니 "셴 „데이 "선„칭 ,이'샤

05 기다리게 해서 죄송합니다.

Duì bu qǐ, ràng nín jiǔ děngle
对不起, 让您久等了。
'뒈이부„치 '랑,닌 „죠„덩러

06 여기에 서명하시고 날짜를 쓰세요.

Zài zhèr shǔmíng, zài xiě shàng rì qī
在这儿署名, 再写上日期。
'짜이'절 „수,밍 '짜이 „셰'상 '르"치

UNIT 04 미용&세탁에 관한 표현

QR코드 음원

대표 회화 알아두기

어떤 스타일로 해 드릴까요?
Qǐngwèn lǐ chéng shénme fà xíng
请问理成什么发型?

스포츠형으로 해 주세요.
Lǐ ge yùn dòng tóu ba
理个运动头吧。

윗머리는 어떻게 해 드릴까요?
Zhè shàng mian yào lǐ chéng shénme yàng
这上面要理成什么样?

적당히 잘라 주세요.
Nǐ jiù kàn zhe bàn ba
你就看着办吧。

미용실에서

01 오늘 저녁으로 예약할 수 있을까요?

Néng yùyuē jīntiān wǎn shang zuò ma

能预约今天晚上做吗?

,넝 '위"위에 "진"텐 „완상 '쭤마

02 커트해 주세요.

Gěi wǒ jiǎn jiǎn ba

给我剪剪吧。

„게이 „워 „젠 „젠바

03 어떤 스타일로 해 드릴까요?

Qǐngwèn lǐ chéng shénme fà xíng

请问理成什么发型?

„칭'원 „리,청 ,선머 '파,싱

04 윗머리는 어떻게 해 드릴까요?

Zhè shàng mian yào lǐ chéng shénme yàng

这上面要理成什么样?

'저 '상몐 '야오 „리,청 ,선머'양

05 적당히 잘라 주세요.

Nǐ jiù kàn zhe bàn ba

你就看着办吧。

„니 '죠 '칸저 '빤바

06 스포츠형으로 해 주세요.

Lǐ ge yùn dòng tóu ba

理个运动头吧。

„리거 '윈'동,토바

07 너무 짧지 않도록 해 주세요.

Kě bú yào jiǎn de tài duǎn

可不要剪得太短。

„커 ‚부'야오 „젠더 '타이 „돤

08 지금과 같은 머리 모양으로 해 주세요.

Jiù zuò xiànzài zhè zhǒng fà xíng jiù xíng

就做现在这种发型就行。

'죠 '줘 '셴'자이 '저„종 '파‚싱 '죠‚싱

09 파마를 해 주세요.

Wǒ yào tàng fà

我要烫发。

„워 '야오 '탕'파

10 머리를 염색을 하고 싶습니다.

Wǒ xiǎng rǎn tóu fa

我想染头发。

„워 „샹 „란 ‚토파

11 머리 좀 감겨 주세요.

Gěi wǒ xǐ xǐ tóu

给我洗洗头。

„게이„워 „시„시‚토

12 그냥 드라이기로 말려 주세요.

Jiù yòng chuīfēngjī chuī gàn jiù xíng

就用吹风机吹干就行。

'죠 '용 "췌이"펑"지 "췌이'깐 '죠‚싱

세탁소에서

01 이 양복을 다려주세요.

Qǐng bǎ zhè xīfú yùn yí xià

请把这西服熨一下。

„칭 „바 '저 "시,푸 '윈 ,이'샤

---

02 이 양복을 세탁해 주세요.

Qǐng xǐ yí xià zhè xīfú

请洗一下这西服。

„칭 „시,이'샤 '저 "시,푸

---

03 이 셔츠에 있는 얼룩을 좀 제거해 주세요.

Néng qù diào zhè chènshān shàng de wūzì ma

能去掉这衬衫上的污渍吗?

,넝 '취'댜오 '저 '천"산'상더 "우'쯔마

---

04 언제 찾아갈 수 있죠?

Shénme shí hou néng qǔ

什么时候能取?

,선머,스호 ,넝 „취

---

05 언제 다 됩니까?

Shénme shí hou néng wán

什么时候能完?

,선머,스호 ,넝 ,완

---

06 세탁비는 얼마예요?

Xǐyī fèi shì duō shao

洗衣费是多少?

„시"이'페이 '스 "뭐사오

PART 12

여행표현

UNIT 01

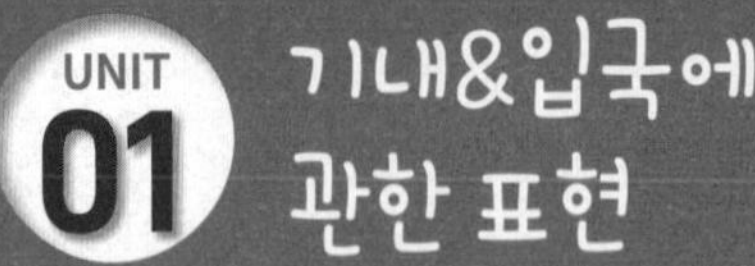

대표 회화 알아두기

돼지고기와 생선 중 어느 것으로 하시겠습니까?

Nín yào zhū ròu hái shi yú

您要猪肉还是鱼?

생선으로 주세요.

Wǒ yào yú

我要鱼。

여행 목적은 무엇입니까?

Nín cǐ xíng mùdì shì shénme

您此行目的是什么?

관광(일, 방문, 유학)입니다.

Shì guānguāng (Gōngwù, Fǎngwèn, Liúxué)

是观光(公务, 访问, 留学)。

01 제 자리는 어디입니까?

Wǒ de zuòwèi zài nǎlǐ
我的座位在哪里?
„워더 '쭤'웨이 '짜이 „나„리

02 탑승권을 보여 주시겠습니까?

Kěyǐ chūshì yí xià jīpiào ma
可以出示一下机票吗?
„커„이 "추'스 ,이'샤 "지'퍄오마

03 미안합니다. 지나가도 될까요?

Duì bu qǐ, jiè yí xià guāng
对不起，借一下光。
'뛔이부„치 '졔,이'샤 "광

04 실례지만, 여긴 제 자리입니다.

Bù hǎoyìsi, zhè shì wǒ de zuòwèi
不好意思，这是我的座位。
'부„하오'이쓰 '저 '스 „워더 '쭤'웨이

05 여보세요!

Qǐngwèn
请问!
„칭 '원

06 어떤 음료를 드릴까요?

Nín yào shénme yǐnliào
您要什么饮料?
,닌 '야오 ,선머 „인'랴오

07 맥주는 있습니까?

Yǒu píjiǔ ma
有啤酒吗?
„요 ,피 „죠마

08 오렌지주스를 하나 더 주세요.

Zài lái yì bēi chéngzhī
再来一杯橙汁。
'짜이 ,라이 '이"베이 ,청"즈

09 식사는 언제 나옵니까?

Fēi jī cān shénme shí hou tí gòng
飞机餐什么时候提供。
"페이"지"찬 ,선머 ,스호 ,티'꽁

10 돼지고기와 생선 중 어느 것으로 하시겠습니까?

Nín yào zhū ròu hái shi yú
您要猪肉还是鱼?
,닌 '야오 "주'로 ,하이스 ,위

11 생선으로 주세요.

Wǒ yào yú
我要鱼。
„워 '야오 ,위

12 몸이 불편한데, 약이 있을까요?

Wǒ yǒu diǎn bù shūfu, nǐ men yǒu yào ma
我有点不舒服，你们有药吗？
„워 „요„뎬 '부 "수푸 „니먼 „요 '야오 마

01 여권 좀 보여 주시겠습니까?

Kěyǐ chūshì yí xià hùzhào ma

可以出示一下护照吗?

„커„이 "추'스 ,이'샤 '후'자오마

02 여행 목적은 무엇입니까?

Nín cǐ xíng mùdì shì shénme

您此行目的是什么?

,닌 „츠,싱 '무'디 '스 ,선머

03 관광(일, 방문, 유학)입니다.

Shì guānguāng (Gōngwù, Fǎngwèn, Liúxué)

是观光(公务, 访问, 留学)。

'스 "관"광 ("꽁'우, „팡'원, ,료,쉬에)

04 어느 정도 체재합니까?

Yào dòuliú duō cháng shíjiān

要逗留多长时间?

'야오 '또,료 "뚸,창 ,스"젠

05 10일간(1주일)입니다.

Shí tiān (yí ge xīng qī)

十天(一个星期)。

,스"텐 (,이거 "싱"치)

06 어디에 체재합니까?

Nín yào zhù zài nǎlǐ

您要住在哪里?

,닌 '야오 '주 '자이 „나„리

07 힐튼 호텔(친구 집)에 머뭅니다.

Wǒ yào zhù zài xī ěr dùn jiǔdiàn (péngyou jiā)

我要住在希尔顿酒店(朋友家)。

„워 '야오 '주 '자이 "시„알'둔 „죠'뎬 (,펑요 "쟈)

08 돌아가는 항공권을 보여 주세요.

Gěi wǒ kàn yí xià nǐ de fǎnchéng jīpiào

给我看一下你的返程机票。

„게이„워 '칸,이'샤 „니더 „판,청 "지'퍄오

09 수화물 보관증을 보여 주세요.

Chūshì yí xià tuōyùn dān

出示一下托运单。

"추'스,이'샤 "퉈'윈"단

10 ABC항공의 카운터는 어디입니까?

ABC hángkōng de fúwù tái zài nǎlǐ

ABC航空的服务台在哪里?

ABC,항"콩더 ,푸'우,타이 '짜이 „나„리

11 신고할 것을 가지고 있습니까?

Nǐ yǒu shéme xūyào shēnbào de ma

你有什么需要申报的吗?

„니 „요 ,선머 "쉬'야오 "선'바오더마

12 어디에서 관세를 지불하면 됩니까?

Zài nǎlǐ jiāo guānshuì

在哪里交关税?

'짜이 „나„리 "쟈오 "관'쉐이

01 관광안내소는 어디입니까?

Dǎoyóu fúwù tái zài nǎlǐ

导游服务台在哪里?

„다오 ,요 ,푸'우,타이 '짜이 „나„리

02 역 근처의 호텔을 부탁하고 싶은데요.

Wǒ xiǎng zhù chēzhàn fùjìn de bīnguǎn

我想住车站附近的宾馆。

„워 „샹 '주 ''처'잔 '푸'진더 ''삔 „관

03 그 호텔은 어떻게 갑니까?

Nà bīnguǎn zěnme zǒu

那宾馆怎么走?

'나 ''삔„관 „쩐머 „쪼

04 어디서 호텔 버스를 기다리면 됩니까?

Zài nǎlǐ děng bīnguǎn zhuānchē

在哪里等宾馆专车?

'짜이 „나„리 „덩 ''삔„관 ''좐''처

05 택시 승강장은 어디에 있습니까?

Chūzū chē hòuchē diǎn zài nǎlǐ

出租车候车点在哪里?

''추''쭈''처 '호''처„뎬 '짜이 „나„리

06 버스 타는 곳은 어디에 있습니까?

Gōnggòng qìchē zhàn zài nǎlǐ

公共汽车站在哪里?

''꽁'공 '치''처'잔 '짜이 „나„리

UNIT 02

대표 회화 알아두기

Xūyào shénme yàng de fángjiān

需要什么样的房间?

욕실이 딸린 싱글 룸이 필요한데요.

Wǒ xūyào dài yùshì de dānjiān

我需要带浴室的单间。

Nín yùdìng le ma

您预订了吗?

이것이 예약확인증입니다.

Zhè shì yùdìng quèrèn

这是预订确认。

호텔을 예약할 때

01 **오늘 밤 방이 있을까요?**

Jīnwǎn huì yǒu fángjiān ma

今晚会有房间吗?

"진„완 '훼이 „요 ,팡"졘마

---

02 **예약을 부탁합니다.**

Wǒ xiǎng dìng fáng jiān

我想订房间。

„워 „샹 '띵 ,팡"졘

---

03 **어떤 방을 원하십니까?**

Xūyào shénme yàng de fángjiān

需要什么样的房间?

"쉬'야오 ,선머'양더 ,팡"졘

---

04 **욕실이 딸린 싱글 룸이 필요한데요.**

Wǒ xūyào dài yùshì de dānjiān

我需要带浴室的单间。

„워 "쉬'야오 '따이 '위'스더 "딴"졘

---

05 **1박에 얼마입니까?**

Zhù yì wǎn duō shao qián

住一晚多少钱?

'주 '이„완 "뚸사오 ,첸

---

06 **아침식사는 포함됩니까?**

Bāokuò zǎocān ma

包括早餐吗?

"빠오'쿼 „짜오"찬마

01 안녕하십니까? 무엇을 도와 드릴까요?

Nín hǎo Yǒu shéme xūyào bāngmáng de ma
您好? 有什么需要帮忙的吗?
,닌 „하오 „요 ,선머 "쉬'야오 "빵,망더마

02 체크인하고 싶은데요.

Wǒ xiǎng dēngjì rùzhù
我想登记入住。
„워 „샹 "덩'지 '루'주

03 예약을 하셨습니까?

Nín yùdìng le ma
您预订了吗?
,닌 '위'딩러마

04 성함을 말씀해 주십시오.

Qǐng gào su wǒ nín de xìngmíng
请告诉我您的姓名。
„칭 '까오쑤 „워 ,닌더 '싱,밍

05 이것이 예약확인증입니다.

Zhè shì yùdìng quèrèn
这是预订确认。
'저'스 '위'딩 '취에'런

06 조용한 방으로 부탁드립니다.

Qǐng gěi wǒ ān jìng de fángjiān
请给我安静的房间。
„칭 „게이 „워 "안'징더 ,팡"젠

07 전망이 좋은 방으로 부탁드립니다.

Wǒ xiǎng yào ge fēng jǐng hǎo de fáng jiān

我想要个风景好的房间。

„워 „샹 '야오거 "펑„징 „하오더 ,팡"젠

08 이 숙박 카드에 기입해 주십시오.

Qǐng tiánxiě yí xià rùzhù dēngjì kǎ

请填写一下入住登记卡。

„칭 ,톈„셰 ,이'샤 '루'주 "덩'지„카

09 여기 방 카드 있습니다.

Zhè shì nín de fáng jiān kǎ

这是您的房间卡。

'저 '스 ,닌더 ,팡"젠 „카

10 귀중품을 보관하고 싶은데요.

Wǒ xiǎng tuōguǎn guìzhòng wùpǐn

我想托管贵重物品。

„워 „샹 "퉈„관 '꿰이'종 '우„핀

11 식당은 어디에 있습니까?

Cān tīng zài nǎr

餐厅在哪儿?

"찬 "팅 '짜이 „날

12 저한테 온 메시지는 있습니까?

Yǒu mei yǒu gěi wǒ liú yán

有设有给我留言。

„요메이 „요 „게이 „워 ,료 ,옌

01 룸서비스입니다. 무엇을 도와 드릴까요?

Shì kèfáng fúwù, yǒu shénme xūyào bāngmáng de ma

是客房服务，有什么需要帮忙的吗?

'스 '커,팡 ,푸'우 „요 ,선머 "쉬'야오 "빵,망더마

02 내일 아침 식사를 예약하고 싶습니다.

Wǒ xiǎng dìng yí xià míngtiān de zǎocān

我想订一下明天的早餐。

„워 „샹 '띵 ,이'샤 ,밍"텐더 „짜오"찬

03 계란 프라이와 커피를 부탁합니다.

Wǒ yào jiān dàn hé kāfēi

我要煎蛋和咖啡。

„워 '야오 "젠'단 ,허 "카"페이

04 어느 정도 시간이 걸립니까?

Xūyào duō cháng shíjiān

需要多长时间?

"쉬'야오 "뚸,창 ,스"젠

05 내일 아침 7시에 깨워 주세요.

Míngzǎo qī diǎn jiào xǐng wǒ

明早七点叫醒我。

,밍„짜오 "치„뎬 '쟈오„싱 „워

06 세탁 서비스는 있습니까?

Yǒu gānxǐ fúwù ma

有干洗服务吗?

„요 "깐„시 ,푸'우마

01 방에 열쇠를 둔 채 잠가 버렸습니다.

Wǒ bǎ yàoshi là zài fáng lǐ, suǒ le mén

我把鈅匙落在房里，锁了门。

„워 „바 '야오스 '라 '자이 ,팡„리 „쒀러 ,먼

---

02 뜨거운 물이 나오지 않습니다.

Bù chū rè shuǐ

不出热水。

'부"추 '러„쉐이

---

03 화장실 물이 내려가지 않습니다.

Wèishēngjiān chōng bu liǎo shuǐ

卫生间冲不了水。

'웨이"성"젠 "총부„랴오 „쉐이

---

04 옆방이 매우 시끄럽습니다.

Gé bì hěn nào

隔壁很闹。

,거'비 „헌 '나오

---

05 방이 아직 청소되어 있지 않습니다.

Fángjiān hái méi dǎsǎo wán

房间还没打扫完。

,팡"젠 ,하이,메이 „따„싸오,완

---

06 타월을 좀 더 부탁드립니다.

Qǐng zài gěi wǒ diǎr máo jīn

请再给我点儿毛巾。

„칭 '짜이 „게이 „워 „댤 ,마오"진

01 체크아웃은 몇 시입니까?

Nǐ men de tuì fáng shí jiān shì jǐ diǎn

你们的退房时间是几点?

„닌먼더 '퉤이 ,팡 ,스 "젠 '스 „지 „덴

02 하룻밤 더 묵고 싶은데요.

Wǒ xiǎng zài zhù yì wǎn

我想再住一晚。

„워 „샹 '짜이 '주 '이 „완

03 하루 일찍 떠나고 싶습니다.

Wǒ xiǎng tí qián yì tiān lí diàn

我想提前一天离店。

„워 „샹 ,티 ,첸 '이 "텐 ,리'덴

04 오후 늦게까지 방을 쓸수 있을까요?

Xià wǔ wǎn yì diǎn tuì fáng kě yǐ ma

下午晚一点退房可以吗?

'샤„우 „완'이„덴 '퉤이 ,팡 „커 „이마

05 추가 요금은 얼마입니까?

Zhuī jiā fèi yòng shì duō shao

追加费用是多少?

"줴이 "쟈 '페이'용 '스 "뛰사오

06 체크아웃을 하고 싶은데요.

Wǒ xiǎng tuì fáng

我想退房。

„워 „샹 '퉤이,팡

07 315호이네요. 열쇠 주십시오.

Nín shì sān yāo wǔ hào fángjiān de qǐng gěi wǒ yuè shi
您是315号房间的。请给我钥匙。
,닌 '스 "싼"야오 „우'하오 팡"젠더 „칭 „게이 „워 '야오스

08 포터(짐꾼)를 부탁합니다.

Wǒ xū yào yí ge xíng li yuán
我需要一个行李员。
„워 "쉬'야오 ,이거 ,싱리,위엔

09 계산을 부탁합니다.

Qǐng jié yí xià zhàng
请结一下账。
„칭 ,제 ,이'샤 '장

10 이 신용카드로 지불하고 싶은데요.

Wǒ xiǎng yòng zhè ge xìn yòng kǎ fù kuǎn
我想用这个信用卡付款。
„워 „샹 '용 '저거 '신'용„카 '푸 „콴

11 (청구서를 보고) 이건 잘못된 것 아닙니까?

Zhè shì bu shì yǒu wèn tí
这是不是有问题?
'저 '스부'스 „요 '원,티

12 고맙습니다. 즐겁게 잘 보냈습니다.

Xiè xie, wǒ zài zhè li zhù de fēi cháng hǎo
谢谢, 我在这里住得非常好。
'셰셰 „워 '짜이 '저리 '주더 "페이,창 „하오

UNIT 03 관광에 관한 표현

대표 회화 알아두기

안녕하세요. 뭘 도와 드릴까요?
Nǐ hǎo, xūyào shénme bāng zhù ma
你好，需要什么帮助吗?

관광안내 책자를 하나 주시겠어요?
Kěyǐ gěi wǒ yì běn dǎoyóu shǒucè ma
可以给我一本导游手册吗?

여기서 투어예약을 할 수 있습니까?

Zài zhèr néng yùdìng ma
在这儿能预订吗?

지금 하고 있는 축제가 있습니까?
Xiàn zài yǒu mei yǒu qìng diǎn huó dòng
现在有设有庆典活动?

01 안녕하세요. 뭘 도와 드릴까요?

Nǐ hǎo, xūyào shénme bāng zhù ma

你好，需要什么帮助吗？

„니 „하오 "쉬'야오 ,선머 "빵'주마

02 이 도시 관광에는 어떤 것들이 있나요?

Zhè ge chéngshì dōu yǒu nǎ xiē lǚyóu jǐngdiǎn

这个城市都有哪些旅游景点？

'저거 ,청'스 "도 „요 „나"셰 „뤼,요 „징„뎬

03 관광안내 책자를 하나 주시겠어요?

Kěyǐ gěi wǒ yì běn dǎoyóu shǒucè ma

可以给我一本导游手册吗？

„커„이 „게이„워 '이„번 „다오,요 „소'처마

04 이 도시의 주요 관광 명소가 어디입니까?

Zhè chéngshì de zhǔyào jǐngdiǎn shì nǎr

这城市的主要景点是哪儿？

'저 ,청'스더 „주'야오 „징„뎬 '스 „날

05 야시장은 어디에 있습니까?

Yèshì zài nǎlǐ

夜市在哪里？

'예'스 '짜이 „나„리

06 지금 하고 있는 축제가 있습니까?

Xiàn zài yǒu mei yǒu qìng diǎn huó dòng

现在有设有庆典活动？

'센 '자이 „요메이 „요 '칭 „뎬 ,훠'동

01 **여기서 투어예약을 할 수 있습니까?**

Zài zhèr néng yùdìng ma

在这儿能预订吗?

'짜이 '절 ,넝 '위'딩마

---

02 **가이드가 있습니까?**

Yǒu dǎoyóu ma

有导游吗?

„요 „다오,요마

---

03 **관광버스가 있습니까?**

Yǒu lǚyóu zhuānchē ma

有旅游专车吗?

„요 „뤼,요 "좐"처마

---

04 **몇 시에 어디서 출발합니까?**

Jǐ diǎn cóng shénme dì fang chūfā

几点从什么地方出发?

„지„뎬 ,총 ,선머 '디팡 "추"파

---

05 **시간은 얼마나 걸립니까?**

Xūyào duō cháng shíjiān

需要多长时间?

"쉬'야오 "뚸,창 ,스"졘

---

06 **개인당 비용은 얼마입니까?**

Měi ge rén duō shao qián

每个人多少钱?

„메이거,런 "뚸사오 ,쳰

01 이곳에 대해 설명해 주세요.

Guān yú zhè ge dì fang qǐng shuō míng yí xià

关于这个地方请说明一下。

"관,위 '저거 '디팡 „칭 "숴,밍 ,이'샤

02 저 동상은 뭐죠?

Nà ge tóng xiàng shì shénme

那个铜像是什么?

'나거 ,통'샹 '스 ,선머

03 이 건물은 왜 유명합니까?

Zhè zuò jiànzhú héyǐ wénmíng

这座建筑何以闻名?

'저'쭤 '젠,주 ,허„이 ,원,밍

04 정말 아름다운 경치이군요!

Hǎo měi de jǐngsè a

好美的景色啊!

„하오„메이더 „징'써아

05 몇시까지 버스로 돌아와야 합니까?

Jǐ diǎn yào huí lái dào dà kè chē

几点要回来到大客车?

„지„덴 '야오 ,훼이 ,라이 '다오 '따'커"처

06 화장실은 어디에 있습니까?

Wèishēngjiān zài nǎlǐ

卫生间在哪里?

'웨이"성"젠 '짜이 „나„리

UNIT 04 오락에 관한 표현

무엇을 마시겠습니까?
Qǐngwèn xūyào shénme
请问需要什么?

스카치 위스키와 물을 주세요.
Yào sūgélán wēi sī jì hé shuǐ
要苏格兰威斯忌和水。

갬블을 하고 싶습니다.
Wǒ xiǎng dǔ yì bǎ
我想赌一把。

갬블은 처음입니다.
Wǒ shì dì yī cì wán
我是第一次玩。

01 근처에 디스코텍이 있습니까?

Zhè fùjìn yǒu dí tīng ma

这附近有迪厅吗?

'저 '푸'진 „요 ,디''팅마

02 인기가 있는 디스코텍은 어디입니까?

Zuì shòu huānyíng de dí tīng shì nǎlǐ

最受欢迎的迪厅是哪里?

'쮀이'소 ''환,잉더 ,디''팅 '스 „나„리

03 음료수 값은 별도입니까?

Jiǔshuǐ lìng shōufèi ma

酒水另收费吗?

„죠„쉐이 '링 ''소'페이마

04 라이브 연주도 있습니까?

Yǒu xiànchǎng yǎnzòu ma

有现场演奏吗?

„요 '셴„창 „옌'쪼마

05 봉사료는 얼마입니까?

Fúwù fèi shì duō shao

服务费是多少?

,푸'우'페이 '스 ''뚸사오

06 같이 춤을 추시겠습니까?

Yì qǐ tiào ge wǔ, hǎo ma

一起跳个舞, 好吗?

'이„치 '탸오거 „우 „하오마

01 무엇을 마시겠습니까?

Qǐngwèn xūyào shénme / Yào shénme yàng de
请问需要什么? / 要什么样的?
„칭'원 "쉬'야오 ,선머 / '야오 ,선머'양더

02 한국 맥주는 없습니까?

Yǒu hánguó píjiǔ ma
有韩国啤酒吗?
„요 ,한,궈 ,피„죠마

03 스카치 위스키와 물을 주세요.

Yào sūgélán wēi sī jì hé shuǐ
要苏格兰威斯忌和水。
'야오 "쑤,거,란 "웨이"쓰'지 ,허 „쉐이

04 물을 좀 더 넣어 주세요.

Qǐng jiā diǎn shuǐ
请加点水。
„칭 "쟈„뎬 „쉐이

05 어떤 안주가 있습니까?

Dōu yǒu shén me xià jiǔ cài
都有什么下酒菜?
"도 „요 ,선머 '샤„죠'차이

06 기본 안주 부탁합니다.

Qǐng gěi wǒ miǎn fèi xià jiǔ cài
请给我免费下酒菜。
„칭 „게이 „워 „몐'페이 '샤 „죠'차이

01 이 호텔에는 카지노가 있습니까?

Zhè bīnguǎn yǒu dǔchǎng ma

这宾馆有赌场吗?

'저 "삔„관 „요 „두 „창마

02 갬블을 하고 싶습니다.

Wǒ xiǎng dǔ yì bǎ

我想赌一把。

„워 „샹 „두'이„바

03 여기서는 어떤 갬블을 할 수 있습니까?

Zài zhèlǐ kěyǐ dǔ shénme

在这里可以赌什么?

'짜이 '저„리 „커„이 „두 ,선머

04 갬블은 처음입니다.

Wǒ shì dì yī cì wán

我是第一次玩。

„워 '스 '띠"이'츠 ,완

05 쉬운 게임은 있습니까?

Yǒu mei yǒu róngyì diǎn de yóuxì

有没有容易点的游戏?

„요메이 „요 ,롱'이„뎬더 ,요'시

06 칩 200달러 부탁합니다.

Wǒ yào liǎng bǎi měi yuán de chóumǎ

我要两百美元的筹码。

„워 '야오 „량„바이 „메이,위엔더 ,초„마

대표 회화 알아두기

신용카드를 잃어버렸습니다.
Wǒ xìnyòngkǎ diū le
我信用卡丢了。

언제 어디서 분실했습니까?
Shénme shí hou zài nǎlǐ nòng diū de
什么时候在哪里弄丢的?

무슨 일이십니까?
Qǐngwèn shénme shì
请问什么事?

지갑을 도난 당했습니다.
Wǒ de qiánbāo bèi tōu le
我的钱包被偷了。

01 **여행가방을 분실했습니다.**

Wǒ lǚxíng bāo diū le

我旅行包丢了。

„워 „뤼 ,싱 "빠오 "듀러

02 **신용카드를 잃어버렸습니다.**

Wǒ xìnyòngkǎ diū le

我信用卡丢了。

„워 '신'용„카 "듀러

03 **언제 어디서 분실했습니까?**

Shénme shí hou zài nǎlǐ nòng diū de

什么时候在哪里弄丢的?

,선머 ,스호 '짜이 „나„리 '농"듀러

04 **어디서 잃어버렸는지 기억이 안 납니다.**

Xiǎng bu qǐlái shì zài nǎlǐ diū de

想不起来是在哪里丢的。

„샹부„치,라이 '스 '짜이 „나„리 "듀더

05 **택시 안에 가방을 두고 왔습니다.**

Hǎoxiàng là zài chūzū chē lǐ le

好像落在出租车里了。

„하오'샹 '라 '자이 "추"주"처„리러

06 **분실한 짐을 찾으러 왔습니다.**

Wǒ lái lǐngqǔ shīwù

我来领取失物。

„워 ,라이 „링„취 "스'우

도난을 당했을 때

01 **무슨 일이십니까?**

Qǐngwèn shénme shì

请问什么事?

„칭'원 ,선머 '스

02 **도난당한 물건이 있습니까?**

Yǒu mei yǒu dōng xi bèi dào

有没有东西被盗?

„요메이 „요 "똥시 '베이'따오

03 **지갑을 도난 당했습니다.**

Wǒ de qiánbāo bèi tōu le

我的钱包被偷了。

„워더 ,첸"빠오 '베이"토러

04 **여권을 도난 당했습니다.**

Wǒ de hù zhào bèi tōu le

我的护照被偷了。

„워더 '후'자오 '베이 "토러

05 **경찰을 불러 주세요.**

Kuài jiào jǐngchá

快叫警察!

'콰이 '쟈오 „징,차

06 **한국대사관에 전화해 주세요.**

Qǐng bāng wǒ gěi hán guó dà shǐ guǎn dǎ ge diàn huà

请帮我给韩国大使馆打个电话。

„칭 "빵„워 „게이 ,한,궈 '따„스„관 „따거 '뎬'화

01 내 차가 꼼짝 못하게 되었습니다.

Wǒ de chē dòng tan bu dé le
我的车动弹不得了。
„워더 "처 '똥탄 부,더러

02 교통사고를 당했습니다.

Wǒ pèng dào jiāotōng shìgù le
我碰到交通事故了。
„워 '펑'다오 "쟈오"통 '스'구러

03 부상자가 몇 명 있습니다.

Yǒu jǐ ge rén shòu shāng le
有几个人受伤了。
„요 „지거,런 '소"상러

04 제 과실이 아닙니다.

Bú shì wǒ de cuò
不是我的错。
,부'스 „워더 '춰

05 그런 사고가 난 것은 제 잘못이에요.

Chū le zhè zhǒng shìgù, quèshí shì wǒ de cuò
出了这种事故，确实是我的错。
"추러 '저„종 '스'구 '취에,스 '스 „워더 '춰

06 보험 처리가 됩니까?

Kěyǐ zǒu bǎoxiǎn ma
可以走保险吗?
„커„이 „쪼 „바오„셴마

UNIT 06 귀국에 관한 표현

대표 회화 알아두기

오후 비행기로 변경하고 싶습니다.

Wǒ xiǎng gǎi chéng xiàwǔ de fēijī

我想改乘下午的飞机。

미안합니다, 그 편은 다 찼습니다.

Duì bu qǐ, cǐ hángbān yǐ mǎn

对不起，此航班已满。

탑승권을 보여 주세요.

Qǐng gěi wǒ kàn yí xià nín de jīpiào

请给我看一下您的机票。

네, 여기 있습니다.

Hǎo, zài zhèr ne

好，在这儿呢。

항공권 예약을 재확인·변경 할 때

01 예약 재확인을 하고 싶은데요.

Wǒ xūyào chóngxīn quèrèn yùdìng

我需要新确认预订。

„워 "쉬'야오 ,총"신 '취에'런 '위'딩

---

02 항공권은 가지고 있습니까?

Shēn shàng dài zhe jī piào ma

身上带着机票吗?

"선'상 '따이저 "지'퍄오마

---

03 몇 시에 출발하는지 확인하고 싶은데요.

Wǒ xiǎng quèrèn yí xià jǐ diǎn chūfā

我想确认一下几点出发。

„워 „샹 '취에'런 ,이'샤 „지„뎬 "추"파

---

04 예약은 어디서 합니까?

Zài nǎlǐ yùdìng

在哪里预订?

'짜이 „나„리 '위'딩

---

05 일정을 변경하고 싶은데요.

Wǒ xiǎng gēnggǎi rìchéng

我想更改日程。

„워 „샹 "껑„가이 '르,청

---

06 가능한 빠른 편이 좋겠군요.

Xīwàng jìn kěnéng de kuài yì diǎn

希望尽可能地快一点。

"시'왕 '진 „커,넝더 '콰이 '이„뎬

07 죄송합니다만, 비행편을 변경하고 싶은데요.

Bù hǎoyìsi, wǒ xiǎng gēnggǎi hángbān
不好意思，我想更改航班。
'부„하오'이쓰 „워 „샹 "껑„가이 ,항"빤

08 15일의 같은 편으로 해 주세요.

Wǒ yào shíwǔ hào de xiāngtóng hángbān
我要十五号的相同航班。
„워 '야오 ,스„우'하오더 "샹,통 ,항"빤

09 오후 비행기로 변경하고 싶습니다.

Wǒ xiǎng gǎi chéng xiàwǔ de fēijī
我想改乘下午的飞机。
„워 „샹 „가이,청 '샤„우더 "페이"지

10 미안합니다, 그 편은 다 찼습니다.

Duì bu qǐ, cǐ hángbān yǐ mǎn
对不起，此航班已满。
'뒈이부„치 „츠 ,항"빤 „이„만

11 웨이팅(대기자)으로 해 주세요.

Bàn chéng hòubǔ ba
办成候补吧。
"빤,청 '호„부바

12 예약을 취소하고 싶은데요.

Wǒ xiǎng qǔxiāo yùdìng
我想取消预订。
„워 „샹 „취 "샤오 '위'딩

공항으로 갈 때

01 공항까지 부탁합니다.

Máfan nǐ, qǐng dào jīchǎng

麻烦你，请到机场。

,마판 „니 „칭'따오 "지„창

02 어느 공항입니까?

Shì nǎge jīchǎng

是哪个机场?

'스 „나거 "지„창

03 짐은 몇 개입니까?

Yǒu jǐ jiàn xíng li

有几件行李?

„요 „지'젠 ,싱리

04 3개입니다. 큰 것은 트렁크에 넣어 주세요.

Sān gè, dà bāo jiù fàng jìn hòubèi xiāng

三个，大包就放进后备箱。

"싼'거 '따"빠오 '죠 '팡'진 '호'베이"샹

05 공항까지 어느 정도 걸립니까?

Dào jīchǎng xūyào duō cháng shíjiān

到机场需要多长时间?

'따오 "지„창 "쉬'야오 "뚸,창 ,스"젠

06 빨리 가 주세요. 늦었습니다.

Qǐng gǎnkuài, yào chídào le

请赶快，要迟到了。

„칭 „간'콰이 '야오 ,츠'다오러

01 탑승 개시는 몇 시부터입니까?

Jǐ diǎn kāishǐ kěyǐ dēng jī

几点开始可以登机?

„지„뎬 "카이„스 „커„이 "덩"지

02 탑승권을 보여 주세요.

Qǐng gěi wǒ kàn yí xià nín de jīpiào

请给我看一下您的机票。

„칭 „게이„워 '칸,이'샤,닌더 "지'퍄오

03 네, 여기 있습니다.

Hǎo, zài zhèr ne

好, 在这儿呢。

„하오 '짜이 '절너

04 출국카드는 어디서 받습니까?

Zài nǎlǐ kěyǐ lǐng dào chūguó shēnqǐng kǎ

在哪里可以领到出国申请卡?

'짜이 „나„리 „커„이 „링'다오 "추,궈 "선„칭„카

05 짐의 초과요금은 얼마입니까?

Xíng li de chāozhòng fèiyòng shì duō shao

行李的超重费用是多少?

,싱리더 "차오'종 '페이'용 '스 "뚸사오

06 이것은 기내에 가지고 들어갈 수 있습니까?

Zhè ge néng dài jìn jīcāng lǐ ma

这个能带进机舱里吗?

'저거,넝 '따이'진 "지"창 „리마

01 입국카드는 가지고 계십니까?

Shēnshang dài zhe rùguó shēnqǐng kǎ ma

身上带着入国申请卡吗?

''선'상 '따이저 '루,궈 ''선„칭„카마

02 입국카드 작성법을 모르겠습니다.

Wǒ bù zhīdào zěnme tiánxiě rùguó shēnqǐng kǎ

我不知道怎么填写入国申请卡。

„워 ,부''즈'다오 „쩐머 ,톈„셰 '루,궈 ''선„칭„카

03 펜을 빌릴 수 있을까요?

Bǐ néng jiè yòng yí xià ma

笔能借用一下吗?

„비 ,넝 '졔'용 ,이 '샤마

04 이것이 세관신고서입니다.

Zhè shì hǎi guān shēn bào dān

这是海关申报单。

'저'스 „하이''관 ''선'빠오''단

05 인천에 언제 도착합니까?

Shénme shí hou dào rénchuān

什么时候到仁川?

,선머 ,스호 '따오 ,런''촨

06 제 시간에 도착합니까?

Néng zhèngdiǎn dàodá ma

能正点到达吗?

,넝 '정„뎬 '따오,다마

나도 격하게 중국어로 토킹하고 싶다

1판 1쇄 인쇄 2019년 11월 1일
1판 1쇄 발행 2019년 11월 5일

엮은이 김련란
감수자 윤원대
펴낸이 윤다시
펴낸곳 도서출판 예가

주 소 서울시 영등포구 영신로 45길 2
전 화 02-2633-5462 **팩스** 02-2633-5463
이메일 yegabook@hanmail.net **블로그** http://blog.daum.net/yegabook
등록번호 제 8-216호

ISBN 978-89-7567-604-8 13720

• 이 도서의 국립중앙도서관 출판시도서목록(CIP)은 서지정보유통지원시스템 홈페이지(http://seoji.nl.go.kr)와 국가자료종합목록시스템(http://www.nl.go.kr/kolisnet)에서 이용하실 수 있습니다.
(CIP제어번호 : CIP2019040507)
• 잘못된 책은 교환해 드립니다.
• 가격은 표지 뒷면에 있습니다.